AF335483

SOBRE LAS ALAS
DEL DRAGÓN ROJO

Ricardo Homs Quiroga

SOBRE LAS ALAS DEL DRAGÓN ROJO

NO EXISTE OBSTÁCULO QUE LA VOLUNTAD NO PUEDA VENCER

Grijalbo

SOBRE LAS ALAS DEL DRAGÓN ROJO
No existe obstáculo que la voluntad no pueda vencer

© 2005, Ricardo Homs Quiroga

D.R. 2005, Random House Mondadori, S.A. de C.V.
    Av. Homero No. 544, Col. Chapultepec Morales,
    Del. Miguel Hidalgo, C.P. 11570, México, D.F.

www.randomhousemondadori.com.mx

Ilustración de portada: Hugo Alejandro Martínez Zetina

ISBN 968-5958-02-5

Impreso en México / *Printed in Mexico*

Índice

PRÓLOGO

*El origen de la infelicidad siempre reside
en nuestra incapacidad de asimilar
y superar pérdidas de cualquier tipo…
materiales o emocionales.*

Sin duda vivimos en un mundo altamente competitivo y estresante, conformado por ganadores y perdedores.

La era contemporánea se caracteriza también por el cambio constante y es de todos sabido que los cambios siempre generan probabilidades de pérdida. Veamos algunos ejemplos.

En el ámbito de los negocios hay inestabilidad. El empleo ya no es seguro y cualquier cambio brusco en la organización de la empresa puede ser motivo de que lo perdamos.

En lo que se refiere al matrimonio, antes éste era para toda la vida; ahora la relación de pareja se resquebraja cada vez más y enfrenta el peligro de la separación.

Por su parte, la educación actual se orienta a enseñarnos a competir y ganar, sin prepararnos para el fracaso, ni para perder.

En diversos entornos el riesgo se ha convertido en parte de nuestra vida cotidiana.

Al analizar el éxito —algo que a todos nos interesa alcanzar—, creemos apropiado recurrir a una sabia definición popular: "Éxito es tener lo que queremos y felicidad es querer lo que tenemos". La diferencia radica en el significado que damos a lo que poseemos.

Tendemos a poseer por instinto y la reafirmación de nuestras propiedades impacta nuestra autoestima. Somos propietarios de bienes materiales, pero también intentamos serlo de personas, ya sea nuestra pareja sentimental, nuestros hijos, familiares y amigos o bien, nuestros empleados o colaboradores.

Pero nuestra sensación de pérdida, tan propia de nuestros días, puede abarcar aspectos complejos como la ausencia de autoestima, seguridad, salud, afecto, dignidad, reconocimiento, respeto de los demás, juventud, belleza y todo aquello que forme parte de nuestras prioridades.

En este libro se perfila un camino para la búsqueda del equilibrio emocional, muy necesario para superar los retos a los que hoy nos enfrenta este nuevo estilo de vida, orientado a la competencia y los resultados. El éxito de nuestra vida exterior y sus retos deben apuntalarse con una vida interior rica, plena y satisfactoria.

Para dar agilidad a esta obra, se optó por recurrir a las fábulas. Al final de cada una se incluye una breve racionalización del mensaje transmitido.

De manera adicional, en cada página par se encuentra un pensamiento que sintetiza y complementa los temas básicos incluidos en el libro.

Vuelo hacia Utopía

Cuando por las noches sufro el estrés derivado de mi ajetreado estilo de vida, recuerdo la lección más importante que he recibido. Me la dio —y con gran ternura por cierto— mi tía Sofía, tan sabia en cosas de la vida como su nombre lo indica.*

Tendría yo unos siete años de edad cuando mis padres salieron de viaje y me encomendaron con mi abuela y mi tía Sofía. Ésta, por algún designio misterioso, permaneció soltera toda su vida, aunque a cambio se convirtió en un pilar importante en la formación en valores de todos sus sobrinos.

---

* Sofía significa, precisamente, sabiduría.

EL PODER DE UN SUEÑO

*No es lo mismo un sueño
que un objetivo o una meta.*

*Soñar no es símbolo de inmadurez.
La inmadurez es, más bien, conformarse con soñar
y no esforzarse por materializar lo soñado en el mundo real.*

*Detrás de cada acontecimiento humano
que ha cimbrado a la humanidad
hay un sueño de un visionario… cristalizado.*

*Los espíritus pequeños se fijan metas y objetivos.
Los objetivos viven en la mente racional
y, por consiguiente, son volátiles.
En cambio, los sueños se anidan de modo virulento
en cada molécula de nuestra alma
y toman control de ella.*

*Los visionarios primero sueñan
y, al hacerlo, llevan su sueño, su meta inicial,
hasta lo más recóndito de su alma.
Ahí se viste de emociones
y surge un deseo irrefrenable
de realizarlo…
a veces hasta el límite de la vida.*

Recuerdo que la primera noche que pasé con ellas no podía dormir, tal vez porque extrañaba mi hábitat natural —mi casa— y por los problemas que se habían acumulado en la escuela. La materia de matemáticas se me dificultaba en grado sumo, lo cual me hacía quedar en ridículo frente a mis compañeros, quienes me percibían como tonto. Mis pésimas calificaciones eran causa constante de conflictos con mis padres.

El día siguiente debía presentar el examen semestral y, pese a haber estudiado, sabía que no tenía los conocimientos suficientes para acreditar la materia. Además, esa mañana un problema con uno de mis compañeros desembocó en riña y esperaba graves consecuencias al llegar a la escuela.

Esa noche todos los pensamientos negativos se anidaron en mi mente y deseaba encontrar hacia dónde huir para evadirme de mi destino inmediato.

Escondido debajo de la sábana, pretendía aislarme de un mundo exterior que me era adverso. Mi tía Sofía descubrió mi estado de ánimo y, cariñosa, se sentó a un lado de mi cama.

A su pregunta de qué me sucedía, contesté que quería desaparecer del mundo, o por lo menos, cambiar de escuela. Ella escuchó con paciencia la letanía de mis desventuras y decidió intervenir. A partir de una ancestral leyenda oriental, la del Dragón Rojo, construyó para mí una deliciosa historia llena de enseñanza, misma que se prolongó varias noches hasta que llegaron mis padres y tuve que volver a casa.

Ahora, más de cuarenta años después, siempre que pierdo el rumbo y mi espíritu flaquea, recuerdo esas noches de verano y, retomando su ejemplo, analizo lo sucedido para volver a emprender el vuelo a Utopía sobre las alas de Draco, el dragón rojo, que con amor conservo en mi corazón.

*Los débiles de espíritu confunden el pesimismo
con una actitud realista.
La razón es que carecen de visión
y, antes de fracasar, se dan por vencidos.*

*Los héroes sueñan…
Los visionarios sueñan…
Quienes cambian al mundo, sueñan…
Y es que al hacerlo alinean su voluntad entera
con este nuevo eje de su vida
y su inconsciente orienta todos sus recursos
hacia esta meta,
ahora convertida en sueño.*

*Si tienes un sueño, no te avergüences de él…
avergüénzate de no poner todo tu empeño en realizarlo.*

R. H.

1. El dragón rojo

En la selva vivía Draco, un dragón rojo muy joven, a quien por alguna razón del destino sus padres extraviaron en la selva siendo un bebé.

Por fortuna, un dragón anciano lo encontró y lo protegió. Cuando ya era capaz de comprender, le contó que su lugar de origen era Utopía, un valle extenso donde los dragones se habían ocultado del resto de la humanidad, temerosos de contagiarse de la maldad, los temores, las envidias y todos aquellos sentimientos que generan desdicha e infelicidad.

Utopía era lo más cercano al paraíso terrenal. Por doquier se respiraba felicidad, afecto y solidaridad. Si bien no había gobernantes ni jefes, sí se contaba con guías, los dragones ancianos,

PERCEPCIONES

La realidad no existe.
Sólo hay percepciones del entorno,
del mundo exterior.

Lo que cuenta es el significado
que nosotros le damos
a las circunstancias que vivimos.

Nosotros somos la medida de todas las cosas
y tenemos la capacidad para vivir la vida
como una tragedia,
o como una exitosa puesta en escena.

R. H.

quienes enseñaban a los más jóvenes todo lo que debían saber sobre la vida y aportaban su valiosa experiencia para el bien de la comunidad.

Los dragones viejos sabían cuán benéfico era vivir así y por ello se cuidaron de no contaminarse con los vicios del mundo exterior. Durante siglos y milenios permanecieron aislados de los seres humanos.

Nuestro dragón rojo —que, aunque tenía nombre propio, Draco, pocos lo usaban por ser el único de su especie que quedaba en la selva— se preparó para iniciar el tan ansiado viaje. No conocía el camino, pero, antes de morir, el anciano dragón le aseguró que su intuición dragonesca le indicaría la ruta que lo acercaría a sus congéneres.

—Entre los dragones hay una comunicación especial que nos ayuda a mantenernos unidos —le confió un día, en una de sus múltiples enseñanzas sobre la cultura dragona.

El anciano no pudo llevarlo de regreso a Utopía porque sus cansadas alas no habrían resistido el viaje tan largo.

Le contó que ambos se perdieron durante una tormenta furiosa que inundó el cielo de relámpagos y truenos y que sorprendió a una bandada de dragones viajeros, a la que ellos pertenecían.

—Seguramente por la tormenta caíste de las alas de tu madre. Eras aún un bebé. En lo que a mí respecta, hube de aterrizar aquí al sentirme agotado, pues, de no haberlo hecho, habría caído extenuado al mar que nos separa de Utopía.

El pequeño dragón se preparó durante mucho tiempo. Entre otros, a diario realizaba ejercicios para fortalecer sus alas.

Un día informó a sus amigos que la mañana siguiente partiría rumbo a Utopía.

La noticia recorrió la selva como bala expansiva y generó gran expectación.

CAMBIO DE VIDA

*Si queremos cambiar de vida
y no cambiamos primero nuestro mundo interior,
simplemente cargamos
con viejos defectos, rencores,
resentimientos y malos hábitos
y los trasplantamos en nuestro nuevo mundo.
Y, de forma continua e interminable,
en él repetiremos
los mismos errores de antes.*

R. H.

Por la noche, a su alrededor se congregó un compacto y heterogéneo grupo de animales. A coro, el cachorro de león, el águila real, el orangután, la zorra, el cocodrilo, la guacamaya, la flamingo, la ardilla, el gato, la hiena y el búho le pidieron que los llevara consigo.

La sorpresa lo dejó mudo. En silencio miró, uno a uno, a sus amigos. Se trataba de una colección de quejosos, pesimistas y derrotistas crónicos. No sentía entusiasmo por contar con un perfil tan particular de compañeros de viaje. Además, éstos podrían convertirse en una influencia nefasta para los suyos y la contaminación podría impactar en forma negativa la moral de los pobladores de Utopía.

Meditó su respuesta con calma. Miró fijamente a cada uno y les pidió que explicaran el motivo por el cual deseaban abandonar la selva. Antes de escuchar las respuestas, con gran sensibilidad les explicó que cambiar de lugar no significa una solución de fondo ante los problemas de la vida.

Mudar nuestro mundo habitual es una circunstancia superficial en tanto no cambiemos nosotros mismos. Si no superamos las malas actitudes, llevaremos nuestros viejos vicios a donde vayamos, como un pesado equipaje. La expectativa de que el cambio físico de lugar borre nuestros problemas es una ilusión sin sustento, porque nuestro mundo interior siempre va con nosotros y luego lo trasplantamos en nuestro nuevo hogar.

Todos enmudecieron. Sólo se escuchaba el leve murmullo del agua del lago junto al cual se organizó la improvisada sesión. El canto de los grillos enmarcaba el suspenso provocado por el mensaje del dragón.

Ante el reto de Draco, nadie tomó la iniciativa. Con seguridad no gozaban de claridad al analizar su vida… únicamente sabían que la insatisfacción era un lento cáncer que corroía sus días.

El mensaje

*Solemos pensar
que al mudarnos a otro entorno
podremos comenzar de nuevo
y dejar atrás nuestros problemas.*

*Un cambio de ciudad, de trabajo,
incluso de pareja,
siempre parece representar
una segunda oportunidad.*

*Sin embargo, en tanto no corrijamos
el origen de nuestros problemas
—por lo general arraigados
en nuestras propias actitudes—,
repetiremos, en un nuevo lugar,
los mismos errores.*

*Una segunda oportunidad implica un cambio
integral en nuestra manera de interpretar la vida,
nuestras actitudes y nuestros hábitos.*

*Sólo después de habernos renovado
en nuestro interior estaremos preparados
para el cambio.*

2. La visión del águila

Ninguno de los animales quería ser el primero en hablar. Cohibidos, se miraban unos a otros.

Coco, el cocodrilo, siempre tan parlanchín, se escurrió al lago para refrescarse, porque —según dijo— la noche estaba tan caliente que la piel se le había resecado y parecía piedra. Todos entendieron que sentía temor y así evitaba ser el primero en hablar.

Nancy, la escandalosa guacamaya, se disponía a volar para desentumirse, cuando Pello, el orangután, molesto con la actitud que empezaban a tomar sus compañeros, los arengó:

—Propongo que quien se vaya pierda la oportunidad de viajar en las alas del dragón.

La libertad

La auténtica libertad
sólo podemos vivirla en nuestro mundo interior,
que es el espacio donde nuestros deseos
y expectativas no son limitados
por las restricciones
y las reglas del mundo exterior.

R. H.

Entonces la guacamaya, que apenas se había levantado del suelo unos cuantos metros, regresó, y el cocodrilo, haciendo un gran alarde sobre la frescura del agua, se reintegró al grupo.

Don Pato y doña Pata, tímidos y discretos, estaban ubicados un tanto lejos de los demás.

Makeba, el león tartamudo, queriendo hacerse notar, propuso que la suerte designase al iniciador de la sesión.

—La mejor manera de decidirlo será por medio de un sorteo —coincidió don Gato, gran amigo del león y su único seguidor entre todos los moradores de la selva.

Si bien a ambos felinos los separaba la diferencia de edades, los unía la complicidad de pertenecer a la misma especie animal.

Con inteligencia, Draco guardó silencio para permitir que ellos tomaran la decisión.

La guacamaya propuso que el cocodrilo comenzara a hablar de los motivos por los que quería viajar a Utopía. Coco explicó que le habían contado que la temperatura de allá era adecuada para su tipo de piel. Por supuesto, nadie le creyó y fue abucheado por sus amigos.

El orangután insistió en que se dejase al azar, pero no conseguían ponerse de acuerdo con respecto a cómo efectuar el sorteo.

Al ver que la situación podría derivar en una pelea, el dragón pidió al águila real, quien estaba a su lado, que fuese la primera en exponer sus motivos. Sin embargo, el águila —animal muy apreciado en la selva por su sabiduría—, pretendió zafarse del compromiso:

—Querido dragón, ¿qué sentido tiene exponer nuestros motivos? Lo más seguro es que todas nuestras historias sean similares.

Draco sintió que no se había entendido el objeto de su petición, por lo que se dispuso a precisar algunos puntos, aún confusos.

Amigos míos, una de las enseñanzas más significativas del viejo y sabio dragón —a quien todos recordamos— es que vivimos en-

La esclavitud

*Al aferrarnos a las cosas materiales
nos convertimos en esclavos de ellas.*

*Hay que disfrutarlas como si fuésemos
a perderlas mañana
o nos las hubieran prestado.*

R. H.

tre apariencias y tomamos decisiones en relación con lo que percibimos. Es difícil identificar la verdad absoluta en la vida cotidiana; para conocerla debemos prepararnos con gran disciplina y mucho estudio. Es por ello que cada uno de nosotros siempre cree tener la razón y ser dueño de la verdad absoluta. No obstante, para conocer la verdad debemos despojarnos de nuestras propias ideas, porque éstas siempre contaminan nuestra visión de las cosas. Siempre percibimos la realidad a través de muchos filtros: nuestros gustos y preferencias, intereses, prejuicios, creencias, estado de ánimo y muchas otras circunstancias que nos impiden actuar con claridad y objetividad. A final de cuentas, solemos manipular lo que percibimos para que se ajuste a nuestros deseos y nos enojamos cuando es imposible hacerlo.

Por lo regular lo que nos sucede no llega por sí solo, sino al interrelacionarnos con circunstancias ajenas a nosotros mismos que, a su vez, afectan a quienes nos rodean.

Cuanto más dejamos de pensar en nuestra persona y en nuestros problemas y —con la intención de ayudarle— nos involucramos en los de nuestro prójimo, más insignificantes nos parecen los propios.

Cuando el águila vuela, todas las cosas que en la tierra se ven terribles desde las alturas parecen insignificantes. ¿O no es así, querida amiga?…

Con su pregunta el dragón pretendió involucrar a su compañera en la conversación. De este modo el águila no se dio cuenta del momento en que empezó a participar, sin timidez.

Es cierto. Desde las alturas, lo que en la tierra es imponente se percibe cotidiano porque forma parte de un todo. Las elevadas montañas nevadas del Kilimanjaro pierden el calificativo de inaccesibles… y lo mismo llega a suceder con los montes Himalaya.

Lo que en la tierra resulta terrible, en las alturas inspira menos temor. Ayer sobrevolé el palacio del rey León y lo vi dirigir las prácticas de su sanguinario ejército, formado por los feroces leones africanos. Pero desde ahí me parecieron menos temibles, in-

La perfección

La búsqueda de la perfección absoluta
nos paraliza
y nos aleja de la oportunidad
de alcanzar las metas que sí son posibles.

R. H.

La buenaventura

Hacer el bien atrae la buena suerte.

Proverbio popular

De inmediato todos cuchichearon entre sí festejando la ironía que ninguno se atrevería siquiera a sugerir por temor al rey de la selva, por quien sentían un odio y un pavor profundos.

Makeba, el pelirrojo y tartamudo cachorro de león, se sintió ofendido por la comparación tan caricaturizada que se hacía de la majestuosidad del rugido de su padre.

—Querida águila, si no sintiera tanto respeto por tu sabiduría, ya hubiese saltado encima de ti y te hubiese desplumado como a un gorrión. Te exijo…

El dragón, previendo que la reunión amistosa podría transformarse en una batalla frontal, intervino para poner orden.

—Makeba, estamos entre amigos. El águila no pretendió faltarle al respeto a tu padre, sino dar un ejemplo… muy desafortunado, por cierto —al decir esto último, dirigió al águila una mirada de reproche y ésta bajó la mirada aceptando su error—. Por ello, te ofrezco una disculpa a nombre de ella y del mío propio; tú sabes que todos respetamos a tu padre.

Makeba se tranquilizó y retornó a su lugar, pues ya se había acercado al águila con ánimo de darle un escarmiento.

Luego de controlar en forma momentánea el conflicto, el dragón continuó su explicación.

Solemos obsesionarnos con nuestros problemas porque los ponemos en nuestras narices y eso nos hace perder la dimensión del contexto.

—A final de cuentas, siempre hay alguien que la pasa peor que nosotros y muchas veces no considera su circunstancia como una tragedia —intervino Firi, la flamingo, con cierta resignación.

La experiencia

Se puede vivir muchos años
y tener a la vez la experiencia limitada
de un adolescente…
o bien, en pocos años
—vividos con intensidad—,
alcanzar una vasta experiencia.

La diferencia consiste
en entender el significado
de lo que nos sucede
y asimilarlo para que nos guíe
durante toda la vida.

R. H.

—Siempre habrá quien tenga más arrugas que una… —lanzó con ironía la guacamaya, sin poder ocultar una sonrisa sarcástica.

Todos entendieron que la observación llevaba destinatario, dado que existía una vieja rivalidad femenina entre las dos aves, por demás vanidosas y en abierta competencia por la admiración de los varones de la jungla, la cual se remontaba a la no tan lejana juventud de ambas. Desde luego, eran diferentes una de la otra: los modales y apariencia de Firi eran refinados y elegantes, mientras la extrovertida Nancy se veía voluptuosa y llamativa, vestida de colores contrastantes.

Nadie festejó la ironía, a manera de castigo para la guacamaya, quien, con tal de llamar la atención, recurría a cualquier triquiñuela.

—Siempre nos interesa más lo que nos preocupa, conviene, gusta o es objeto de nuestro deseo, e ignoramos lo que nos molesta o no aceptamos —acotó el búho, con su característica actitud docta y formal.

El búho estaba sentado sobre una rama del árbol situado a espaldas del grupo, por lo que todos tuvieron que volverse para ver al compañero que hacía tal comentario.

—¿Y qué sucede cuando la realidad no se puede ocultar y terminamos por aceptarla? —preguntó Firi con timidez y cierta ansiedad.

—Como cuando en el rostro aparece la evidencia de que la edad se nos ha venido encima —volvió a provocar la guacamaya.

Pello, molesto por las impertinencias de Nancy, se levantó del piso, se acercó a la rama que la guacamaya compartía con el búho y amenazó:

—Si vuelves a abrir el pico para provocar a la dama, subo a buscarte y te retuerzo el pescuezo.

Mientras lo decía, de tres saltos subió por el tronco del árbol, tomó la rama desde su nacimiento y la agitó un poco para demostrar que era capaz de cumplir su amenaza.

Ubicación y visión

*Conocemos las cosas
desde la perspectiva que nos permite tener
el lugar donde estamos ubicados.*

*Desde lejos alcanzamos
la visión de conjunto.
De cerca conseguimos el máximo detalle,
pero perdemos la dimensión del contexto.*

*La vida es equilibrio
y para tomar las mejores decisiones
es preferible colocarnos justo en medio,
donde podamos ver lo más posible,
con el grado máximo de detalle.*

R. H.

Asustada, la guacamaya se acercó, en busca de protección, al búho, quien, con voz ronca y modales parsimoniosos, advirtió:

—Tranquilo, muchacho, yo cuidaré que esta señora no abra el pico para decir estupideces.

El orangután bajó del árbol y se acomodó de nuevo en el piso. Firi, más segura de sí, volvió a hablar:

—Mi pregunta aún no tiene respuesta.

Draco, el dragón, respondió:

Cuando las evidencias nos lastiman o molestan, intentamos acomodar nuestros razonamientos de modo tal que se ajusten a lo que queremos. Por ejemplo, culpamos por nuestros errores y fracasos a otras personas o a las circunstancias, o bien, justificamos ante nosotros mismos y ante los demás lo que hicimos mal, con el fin de evitar entrar en conflicto con nuestra propia conciencia.

El águila, quien permaneciera a un costado del dragón, opinó:

Las explicaciones que he escuchado son muy claras. Lo que nos sucede es de importancia relativa. Nosotros somos quienes, con nuestra interpretación, convertimos los hechos en simples contratiempos o en calamidades, según la actitud con la que los enfrentemos. Después de todo, nosotros somos medida y punto de referencia de los acontecimientos que afectan nuestra vida. Cuando los comparamos contra los que otros enfrentan, descubrimos que los hay peores.

Seguramente he olvidado lo afortunada que soy. Poseo alas y ellas me permiten ser libre. Cuando era joven me bastaba remontarme arriba de las nubes para ver cómo se minimizaban los problemas que dejaba en tierra firme. Tendré que volver a volar alto para perder el miedo antes de enfrentarlos.

El mensaje

*Las cosas son como son,
pero sólo nosotros
les damos sentido y significado
a partir de nuestra percepción
e interpretación.*

34

3. Los motivos de la zorra

—Que ahora hable la señora zorra —sugirió el orangután, desde el extremo opuesto, pretendiendo alejar la posibilidad de ser seleccionado para hacerlo.

—Déjame en paz —chilló la zorra, molesta—. ¿Por qué no tú?

—Señora, no se enoje, yo simplemente opiné… siempre será mejor que inicien los de mayor experiencia…

Aún no terminaba de hablar Pello cuando la zorra vociferó:

—¿¡Acaso me estás llamando vieja, asquerosa imitación de humano!?…

De inmediato se puso tensa, extendió las extremidades en posición de ataque y empezó a ronronear mostrando los colmillos entre las fauces entrecerradas.

Alegría y felicidad

La felicidad
es un estado de ánimo permanente,
derivado de la actitud que asumimos ante la vida.

Por su parte, la alegría y la tristeza
son reacciones fugaces
generadas por
el mundo que nos rodea.

Se puede ser feliz
y pasar por momentos de tristeza
provocados por la adversidad…
o ser infeliz
y escapar continuamente
por la puerta incierta
de la alegría pasajera.

Sólo quien es feliz
controla su vida
y encara la adversidad
sin dejarse doblegar por ella.

R. H.

Temeroso, Pello se escondió detrás de don Gato, lo cual fue insuficiente si se toma en cuenta su tamaño descomunal en relación con el felino.

El león intentó intervenir para evitar un desenlace violento, pero la zorra, encolerizada, se le enfrentó:

—¿Y tú quien eres para impedírmelo? ¿El cachorro del rey león? ¿El aprendiz de monarca? ¡Hazte a un lado!, no me provoques.

Makeba, herido en su amor propio, se preparó para enfrentar a la vieja zorra y empezó a caminar parsimonioso a su alrededor, cercándola y exasperándola aún más.

Draco temió que la zorra, fuera de control, cumpliera su amenaza y se interpuso entre ella y el cachorro, quien pretendía restañar su maltrecho orgullo.

—Si das un paso hacia adelante, te vas de aquí —la confrontó—. ¿Para qué quieres viajar con nosotros, si vas a ser motivo de discordia?

La zorra se quejó con tono lastimero:

Discúlpame, Draco… simplemente soy una vieja solitaria e infeliz de la que todos quieren tomar ventaja. Desde hace largo tiempo no sé lo que es vivir feliz y eso me pone irritable, en estado de alerta, lista para defenderme.

Con eso todo volvió a la normalidad y cada quien retomó su lugar.

—Explícanos que significa para ti la felicidad —le pidió el dragón.

Zorry no supo qué contestar. Permaneció callada unos segundos, mientras todos la miraban absortos. Después pareció tomar una decisión y señaló:

Ser feliz es estar alegre, disfrutar la vida… es lo opuesto a la tristeza.

SUERTE Y OPORTUNIDAD

*La suerte se presenta
cuando nos encontramos en el lugar adecuado
en el momento oportuno…
y para lograrlo
hay que intentarlo muchas veces.*

*La suerte está muy relacionada
con la ley de las probabilidades.*

*Cuantos más esfuerzos realizamos
para conseguir algo,
más posibilidades tendremos
de alcanzarlo.*

R. H.

—Eso es alegría… la felicidad es algo más… ¿verdad, Draco?
—adujo la astuta hiena con actitud zalamera.

El dragón confirmó:

Tienes razón, es un estado de ánimo que se deriva de estar en armonía con todo lo que nos rodea. Implica paz espiritual y aceptación de nosotros mismos. Ser feliz no es cosa de momentos; más bien, se trata de un modo de vida estable. Podemos ser felices y a veces sentirnos tristes por algún acontecimiento que perturba nuestra tranquilidad. En cambio, la alegría, al igual que la tristeza, es un estado de ánimo temporal.

—Explícanos cómo podemos ser felices —pidió Firi, con su voz melosa que seducía a las aves macho de ese lado de la selva.

—¿Qué debo hacer para combatir la infelicidad? —cuestionó a su vez la hiena, famosa por su voracidad y ambición insaciables.

La respuesta a esta última por parte del dragón fue la siguiente:

¿Por qué razón siempre compites contra todos por tener más? Te has creado la fama de envidiosa… se dice que tú y la zorra siempre envidian lo que poseen quienes les rodean.

—Es injusto que tú, dinosaurio sabio, creas lo que se rumora con tan mala fe. Mientras los demás holgazanean, la zorra y yo trabajamos, nos esforzamos por… —replicó la hiena, ofendida.

La guacamaya irrumpió:

…alcanzar el éxito… ¡Sí, sí, por alcanzar el éxito! Estas discusiones son frecuentes entre los humanos. Todos anhelan conseguir riquezas, poder y vanidad, pero para no parecer miserables, alegan que lo que buscan es el éxito.

—Es cierto —convino el orangután.

La guacamaya retomó su monólogo:

EL PRECIO

Las mayores limitaciones
no nos las imponen otras personas,
ni el destino,
sino nuestra actitud temerosa
al no afrontar el riesgo
de luchar por lo que deseamos.

Todo tiene un precio…
lo único que se necesita
es que estemos dispuestos a pagarlo.

R. H.

—¿Qué es el éxito? —preguntó de nuevo la coqueta Firi.

—Algo que se logra con trabajo —respondió Zorry con tono socarrón, ya que Firi era conocida por su predisposición a perder el tiempo en banalidades.

—Seguro será más provechoso para todos mostrar algo de respeto, pues las damas aprovechan todas las oportunidades para agredirse… A final de cuentas, el dragón no tendrá oportunidad de evaluarnos —expresó con su ronca voz de bajo profundo el cocodrilo, muy disgustado.

—¿Alguien podría responder mi pregunta?… me gustaría saber qué es el éxito —insistió Firi.

Para parar en seco las discusiones, Draco decidió contestarle:

El éxito consiste en tener lo que quieres y la felicidad en querer lo que tienes. Puedes alcanzar todas las cosas que deseas y dejar de interesarte en ellas, pues, tan pronto están en tu poder, comienzas a desear algo diferente. Así acumulas propiedades, sin disfrutarlas. Los demás interpretarán esto como símbolo de éxito, pero tú siempre estarás insatisfecha al pensar en todo lo demás que desearías. En cambio, quien disfruta lo poco que tiene, siempre gozará de más oportunidades de acercarse a la felicidad.

—Es cierto —comentó el gato montés, animal muy dado a la reflexión—. Cuando uno es ambicioso no disfruta lo que tiene ya que lo consiguió respondiendo al instinto de poseer, para el cual no se encuentra límite con facilidad.

La actitud

*La actitud que asumimos ante los problemas
define la posibilidad o imposibilidad de superarlos.*

*Quien los asume con optimismo
suele crear, de modo inconsciente,
las condiciones que apoyan sus objetivos.*

R. H.

El águila sentenció:

Difícilmente se logra desde la superficie de la tierra la visión alcanzada desde las alturas. Todo parece pequeño y relativo… integrado a una realidad más amplia… integrado a un entorno. Volando uno descubre que la felicidad se encuentra al vivir en armonía con la naturaleza, con uno mismo y con quienes nos rodean. La soledad que se encuentra en las alturas le impulsa a uno a disfrutar de la propia compañía. Sólo quien vive en un vacío espiritual no descubre que la soledad es una oportunidad de reencontrarse con su ser interior.

El águila calló y dejó a todos sumidos en la reflexión, hasta que el viejo búho —aunque introvertido por naturaleza— lanzó un breve mensaje colmado de experiencia y sabiduría.

Es cierto. La felicidad empieza cuando uno decide amarse a sí mismo, lo cual implica ser flexible y comprensivo con los propios errores y limitaciones. Es fundamental que nos aceptemos tal como somos, sin que esto signifique conformismo… La sabiduría consiste en no lamentar el pasado, sino aprender de él para no repetir los errores.

—¿Qué podría decirnos la señora zorra? —preguntó Draco al terminar su alocución el búho.

Zorry se acomodó sobre la yerba durante la exposición del águila. Con el hocico sobre las patas delanteras daba la impresión de que, marginada de la reflexión, no tenía nada que decir. Al ser interpelada por el dragón, reaccionó con sorpresa, pues suponía que su turno había concluido. Con lentitud se puso de pie y, balbuceante, respondió:

—Aún me queda mucho por aprender.

Sus palabras se escuchaban sinceras, por lo que Draco pidió un aplauso para la zorra.

EL MENSAJE

La felicidad y la alegría
se derivan de la armonía
con el entorno
y con nosotros mismos.

La felicidad consiste
en querer lo que se tiene
y el éxito en tener
lo que se quiere.

Siempre hay alguien
que tiene menos.

Mirar hacia atrás
nos ayuda a valorar
aquello con lo que hoy contamos.

Al compararnos
con los que tienen más,
lesionamos nuestra autoestima.

4. La ardilla feliz

La ardilla se mostraba inquieta y preocupada. Sus pequeños estaban solos y pensaba que podrían sentir hambre o miedo, pues nunca se ausentaba mucho tiempo.

Sus compañeros la apreciaban. Reconocían que era una madre ejemplar, discreta, hacendosa y generosa con sus vástagos. Y la misma actitud mostraba con cualquiera que necesitase de ella. Sin embargo, se comentaba que no era inteligente.

Con discreción, pretendió pasar inadvertida y alejarse, pero el cachorro de león —animal de caza al fin y al cabo— la descubrió e inquirió:

—¿A dónde vas, ardillita? Aún no has expuesto tus motivos.

RECOMPENSAS

*Cuando hacemos el bien
esperando el reconocimiento de los demás,
ponemos nuestra autoestima
en manos ajenas.*

*Lo mejor es actuar de esta manera
llevados por un principio de generosidad
que nos ennoblece
y nos ayuda a sentirnos en armonía
con nuestra propia conciencia.*

R. H.

Todos la miraron con curiosidad y ella, al sentirse descubierta, reaccionó con timidez:

—Mis hijos están solos y posiblemente hambrientos. Iré a verlos y regresaré lo antes posible. Buscaré alguna bellota para entretenerlos.

—Déjalos solos, ardilla, eso les enseñará a ser independientes —opinó don Gato.

La zorra y la hiena, también madres aunque con hijos adultos, se solidarizaron con ella:

—No insistan, no estará tranquila en tanto no los vea.

—No la molesten —terció Coco, el cocodrilo.

—Ve a verlos... te esperamos —autorizó el dragón.

A su partida, la solterona guacamaya no resistió el impulso de criticarla:

—Pobre ardilla, siempre está preocupada. Se sacrifica por sus hijos para que, al fin y al cabo, cuando sean adultos, la olviden. Así es la vida.

—No creas que es así — respingó la flamingo—. Ella es más feliz que tú y yo, que siempre hemos vivido para nosotras mismas.

—Además, no precisa reconocimientos —señaló la zorra—. Disfruta lo que hace por sus hijos, se siente útil e insustituible para ellos. Tú no podrías decir lo mismo. Si mañana desaparecieras pronto serías olvidada, porque nadie te necesita.

—Tienen razón, señoras —planteó el cocodrilo—. La ardilla goza con cada cosa nueva que aprenden sus pequeños porque ella se los ha enseñado. La satisfacción es su mejor recompensa.

La ardilla regresó presurosa y retomó su lugar entre sus compañeros, quienes callaron al verla llegar.

—¿Eres feliz? —le preguntó el dragón.

—Mucho... mucho —respondió ella con modestia.

Como era muy tímida, no se atrevió a levantar la vista frente a su interlocutor.

MATERNIDAD

*La maternidad es
el fenómeno cotidiano
por el que una mujer
participa del milagro de la creación.*

*La maternidad es quizá
la única relación indisoluble…
afianzada con lazos invisibles
que soportan cualquier prueba del destino.*

*Éste es el mayor secreto que tiene la vida…
es la esencia misma del milagro de la creación,
repetido en la tierra millones de veces
para recordarnos la existencia del amor
en su estado más puro.*

R. H.

El dragón pronunció las siguientes palabras, a manera de conclusión:

La vida tiene valor en relación con lo que podamos hacer con ella.

Dirigió la mirada y el mensaje a la frívola Nancy. Ésta resintió todo el peso del reproche por su desafortunado comentario en contra de la ardillita, quien, ante los ojos de sus compañeros, fulguraba como un lucero que irradiaba paz y serenidad en la noche.

El mensaje

*La productividad y las obras
dan sentido a la vida.*

*Las personas más sociables
y preocupadas por los demás
son las más felices
porque olvidan sus propios problemas
y, al compararlos con los de su prójimo,
perciben que los suyos se vuelven minúsculos.*

5. La hiena egoísta

Cuando alguien acababa la exposición de sus motivos para emprender el viaje a Utopía, todos callaban, en un esfuerzo por evitar que se les invitara a hablar acerca de los suyos. Aun los más parlanchines se intimidaban y el silencio se apoderaba de ese rincón de la selva.

El dragón recorrió con la mirada al grupo, esperando encontrar a un espontáneo. Sin embargo, cuando sentían que eran el centro de atención, todos se desentendían, cuchicheaban con el compañero de al lado o, sencillamente, buscaban cómo entretenerse con lo que estuviera disponible.

Draco optó por invitar a la hiena a tomar la palabra, lo cual la tomó por sorpresa. Al no encontrar la manera de escabullirse del predicamento, inició su monólogo.

La agresividad

La agresividad es la forma
en que comunican sus sentimientos
las personas
que no saben expresarse correctamente,
ya sea por timidez, por orgullo
o por temor a caer en la cursilería.

Ser agresivo es un modo enfermizo de decir:
"¡Sé que estás aquí!
y no me eres indiferente".

La indiferencia duele más
que la ironía, el sarcasmo o la agresividad,
pues representa un indicador
de que ya no hay un futuro común.

Mientras haya agresividad en una relación,
habrá algo que rescatar,
si se reencauzan los sentimientos
con sencillez,
utilizando las palabras adecuadas
sin pudor alguno.

R. H.

Soy un ser infeliz. La mala fortuna me persigue. Me esfuerzo incesantemente, noche y día, con el fin de reunir un patrimonio para una vejez confortable. Mi madriguera albergaba el resultado de mi esfuerzo. Todos los objetos útiles que he encontrado en la selva los atesoraba ahí, de modo que pueda intercambiarlos por comida cuando ya no tenga fuerza para salir a cazar. Del ahorro he hecho una virtud. He almacenado durante largo tiempo brújulas extraviadas por los exploradores que se adentran en esta selva, trastos de cocina, fósforos, ropa e incluso monedas.

Sin embargo, los tres días de lluvia torrencial de la semana pasada sepultaron mi madriguera en el lodo. Con el reblandecimiento de la montaña, yo misma corrí el riesgo de perder la vida. Fue tanto mi temor que no pude salvar nada y mis pertenencias, producto de mi esfuerzo, se encuentran bajo tierra. Hoy sigo reprochándome mi cobardía.

Además, soy una hiena solitaria. He perdido a mis amigos de juventud, aquellos con los que corría y jugaba. Hoy me ven como una vieja avara, sin entender que el ahorro significa tranquilidad y paz. No hay nada que me arraigue en esta selva. Mis hijos me abandonaron cuando se sintieron fuertes y autosuficientes; me dejaron en el olvido.

Si inicio una nueva vida en un nuevo lugar, con nuevos amigos, con seguridad lograré recuperar la paz y la tranquilidad.

Melosa, clavó con fijeza la mirada en la del dragón y, susurrante, añadió:

Si tú, querido amigo, me dieras esta nueva oportunidad, confío en que volvería a ser la misma hiena entusiasta y optimista que fui…

Con intención dejó caer las últimas palabras casi en un suspiro, que pareció una representación melodramática para el resto de la concurrencia. Con actitud sumisa, la hiena se acomodó en su lugar, esperando la respuesta de su principal interlocutor.

CADENA DE RENCORES

La agresión es una cadena de cobro de facturas.

Detrás de cada persona agresiva
hay una historia de un ego lastimado y vejado,
que, al cobrar en otros
los agravios sufridos con anterioridad,
rescata su autoestima.

Cuando lastimamos
la autoestima de alguien
creamos una nueva e interminable cadena
que durará siglos y milenios
y contaminará otras vidas.

R. H.

Todos los integrantes del grupo observaron al dragón, a la espera de sus palabras.

Draco carraspeó antes de hablar.

Querida hiena, ¿qué te garantiza que en Utopía serás feliz? Podría asegurarte que no será así, pues mi país se convertirá en una extensión de esta selva, de la que hoy quieres huir. Allá serás la misma vieja amargada, aunque vivas en un nuevo entorno. Llevarás tu amargura contigo como parte de tu equipaje.

La hiena lo interrumpió, sintiéndose rechazada:

No, Draco, viajaré sin equipaje porque ya nada poseo y, aunque conservase algunas pertenencias, las abandonaría para no incomodarte durante el vuelo.

El dragón, visiblemente molesto, adujo:

Mencioné el equipaje como una metáfora. Detrás de la infelicidad está la incapacidad para aceptar las pérdidas. En la vida a veces se gana y otras se pierde; en la medida en que aceptemos lo perdido, ganamos tranquilidad. Conviene entender que lo que poseemos nos lo ha concedido prestado el destino para que le demos buen uso y nos rinda beneficios. Si lo perdemos, eso es señal de que acabó su ciclo con nosotros y ahora le servirá a alguien más. Tú eres incapaz de prescindir de algo sin defenderlo con ferocidad.

Mientras el dragón hablaba, todos, en silencio, lo escuchaban con atención. Mucho tiempo atrás, cuando el anciano dragón vivía, nadie en la selva se abstenía de pedirle consejo, pues siempre tenía la respuesta acertada en los labios. Ahora, convertido en el sucesor de su maestro, el pequeño dragón se había ganado el respeto de todos sus habitantes.

Generosidad y dignidad

Hay que saber dar con generosidad
y recibir con dignidad y agradecimiento.

Así, quien da se siente gratificado,
y quien recibe se siente satisfecho.

Es más fácil aprender a dar
que a recibir,
pues el orgullo mal entendido
nos impide hacerlo de modo digno.

R. H.

El grupo de oyentes sentados en círculo empezó a crecer, pues se integraban quienes pasaban cerca. Todos en la selva conocían y estimaban al orador, por su actitud generosa.

—Sí, es cierto, esta hiena siempre quiere todo para ella, no merece hacer el viaje… —comenzó su ataque la guacamaya.

La hiena se aprestaba a abalanzarse sobre ella cuando el dragón, en tono enérgico y haciendo uso de su autoridad, detuvo en seco el conflicto:

—¡Silencio! Quien no quiera escuchar, que se retire.

—Perdón, sólo quise apoyar tus palabras —alegó el ave, con tono sumiso.

Entonces el león emitió una imitación de rugido, manifestando su desacuerdo con la actitud de esas dos viejas que solían pelear con el menor pretexto.

El dragón continuó:

La infelicidad se relaciona con la pérdida material o emocional. El que la gente no nos respete como sentimos que merecemos se traduce en pérdida de autoestima.

Todos se volvieron a ver de reojo al león, pues interpretaron que el mensaje iba dedicado a él. Sabían que se veía a sí mismo como un príncipe de la selva disminuido y derrotado. En realidad, todos lo querían, pero eso no le bastaba; estaba consciente de que, para llegar a ser el rey de la selva, debían temerle y odiarlo como a su padre, el actual rey León.

Sin embargo, el orangután también se dio por aludido. Y es que aún se sentía en extremo avergonzado por los sucesos del día anterior. Al juguetear y saltar de un árbol a otro en su afán de impresionar a una hembra de la que estaba enamorado, se aferró a una rama que ya estaba seca y no resistió su peso. Cayó justo sobre un charco de lodo producto de la fuerte lluvia que se

Cantidad y calidad

La vida se mueve entre dos alternativas:
cantidad o calidad.

Cuando somos pequeños,
la cantidad lo es todo:
comemos para llenarnos,
queremos muchos juguetes…
muchos amigos…
No nos importa si lo que obtenemos
no es lo mejor.

Cuando somos jóvenes,
la cantidad continúa siendo importante:
mucho dinero… mucha comida, mucha bebida…
muchos amigos… muchos pretendientes…
mucha diversión… mucho sexo…
todo en exceso.
La posesión es importante.
A final de cuentas, esto refleja la inseguridad e inmadurez
que caracteriza a la extrema juventud.

Cuando empezamos a entrar con paso lento
en la madurez,
descubrimos que es mejor "poco y bueno".
Optamos por ser selectivos y valoramos la calidad.

desató en la selva. Si bien el charco amortiguó el golpe y le salvó la vida, bañó a su enamorada y a su madre, quien la acompañaba. Enfadada, la señora le gritó "¡Payaso!" y lo puso en ridículo ante su hija. Además, hubo tantos testigos que fue el hazmerreír de la selva durante todo el día. Su autoestima estaba seriamente lastimada.

Y qué decir del cocodrilo. También pensó que el mensaje era para él. Esa mañana había peleado con un lagarto por un delicioso pez, resultando derrotado. No sólo perdió su presa, sino también la fama de invencible, a manos de un advenedizo de los pantanos de las tierras altas.

Su orgullo quedó por los suelos.

La ardilla, por su parte, aún lamentaba el robo de su cena, pues cuando salió a buscar a sus cachorros, alguien se metió en su morada y se llevó los alimentos que con tanto trabajo arrastrara durante un par de horas.

La vanidosa Firi sintió que el rubor se elevaba hasta su pico y calentaba su cabeza. Últimamente se sentía desdichada por haber descubierto canas en su bello plumaje; le parecía que la juventud y la belleza se le escapaban con velocidad.

Don Gato también reflexionó sobre su tristeza y descubrió que lo que más le afligía era la ausencia de su madre —recién fallecida al perder su séptima vida cuando un coco que se desprendió de una alta palmera le destrozó el cráneo—; le dolía haberla perdido.

Por unos segundos el grupo mantuvo un profundo silencio, mientras se cocinaban las breves reflexiones mencionadas.

El dragón retomó el control y, con voz grave, continuó:

Muchos rostros retratan la sensación de pérdida, pero, en realidad, todo depende de la percepción y la valoración de lo perdido.

A medida que entramos en años,
aprendemos a gozar cada momento que vivimos
y cada uno de los placeres que tenemos enfrente.
Pocos amigos, pero con lealtad a toda prueba…
El amor se vuelve importante
y revaloramos a esa persona que nos ha acompañado
a través del tiempo por variados caminos.
Disfrutamos de la comida y la bebida
como si fuésemos buenos gourmets…
y las dosificamos para no perderles el gusto.

Cuanto más pronto descubramos esta ley,
mayor sentido cobrará el vivir para nosotros.

R. H.

—Explícanos un poco más, querido dragón. No me quedó claro lo que dijiste —indicó la retraída ardilla.

La guacamaya, sentada sobre una rama junto al búho, le cuchicheó al oído: "Pobre ardilla, nunca entiende nada", pero su vecino permaneció impasible ante el comentario tan sarcástico. Nancy descubrió que la vieja ave dormitaba y aprovechó la oportunidad para regañarlo. Su propósito era hacerse notar, ya que siempre buscaba el rol protagónico en cualquier circunstancia donde hubiese más de tres animales.

—Despierta, búho, te puedes caer; además, eres descortés con el dragón.

Todos los observaron. El búho despertó, sobresaltado por la tipluda voz de la guacamaya.

—Perdón… perdón, Draco, pero a mi edad me es muy fácil quedarme dormido en cualquier rama.

El joven dragón restó importancia al escándalo creado por la guacamaya.

Por lo general intentamos retener las cosas que nos rodean; nos guía un instinto de posesión, del cual se deriva la avaricia. Sin embargo, esta última se manifiesta en muchas formas, entre ellas los celos, cuando se trata de mantener cerca y en forma exclusiva a las personas que queremos. Muchas veces esto llega a convertirse en una obsesión y pretendemos secuestrar su atención y su tiempo.

—Es muy cierto —acotó Firi, con un dejo de vanidad femenina.

De tal manera la flamingo intentaba dejar sentado que era una experta en esos temas pasionales. De hecho, en la selva se le consideraba como la hembra más hermosa y coqueta. La parsimonia con que balanceaba la cadera al caminar había hecho historia. Sus largas piernas le permitían dar ritmo y estética a las

EL MUNDO INTERIOR

La libertad interior puede ser absoluta…
somos libres de pensar, desear y soñar.

Sin embargo,
la absoluta libertad de acción es imposible,
es relativa, pues la restringen
nuestra condición humana
y las limitaciones materiales que de ella se derivan.

La libertad de acción
está condicionada por la fortaleza económica,
por el poder que los fuertes ejercen
sobre quienes les rodean
o sobre cualquier circunstancia relacionada con el éxito.
Siempre habrá alguien superior
que se impone sobre quienes están
en posición inferior…
con lo que coartan su libertad intrínseca.

La auténtica libertad la ejercemos
en el mundo íntimo
que hemos creado para nosotros.

R. H.

pronunciadas zancadas con las que recorría continuamente las partes bajas del lago.

El dragón prosiguió:

Al escucharlo don Gato entendió por qué le afectó tanto la partida de Micifuz, su mejor amigo y compañero de aventuras. Ambos se criaron juntos. Siendo aún adolescentes, don Gatopardo, el padre de su amigo, decidió emigrar junto con su familia hacia la gran ciudad, pues le contaron que, en las noches solitarias se encontraba comida apetecible y sin dueño, a la espera de que pasara a recogerla el camión de la basura. A su corta edad don Gato experimentó su primera pérdida. Quizás en el fondo esto significaba que, dado que su compañero de correrías ya no estaría disponible, necesitaría buscar nuevos amigos. En tanto no se acostumbró a esa nueva realidad, vagó triste por los caminos por los que otrora retozara alegre con Micifuz. Sin embargo, el tiempo restaña las heridas y poco después encontró nuevos amigos, con los cuales volvió a recorrer con buen ánimo esos mismos caminos.

Mientras don Gato salía de sus pensamientos y sus recuerdos para involucrarse de nuevo en esa reunión nocturna en la selva, el dragón concluyó:

LOS SIGNIFICADOS

*La realidad no es tan importante
como la percepción
que tengamos de ella.*

*El impacto de los acontecimientos
en nuestra vida
se relaciona de manera estrecha
con cómo los interpretamos.*

*La felicidad es el arte
de dar a los acontecimientos
el significado que más conviene
a nuestra salud emocional.*

*Por tanto,
el optimismo
es el camino a la felicidad.*

R. H.

Enseguida los animales dirigieron la mirada a la hiena, acurrucada en el piso de fresca hierba. Ella, sintiéndose el centro de atención pero sin control de la situación, prefirió asumir una actitud discreta.

—Dime, hiena —la cuestionó Draco—, ¿aún pretenderías realizar el viaje conmigo?

Todos aguardaban una característica respuesta habilidosa por parte del animal, que, si bien nunca daba su brazo a torcer, esta vez respondió con humildad:

No… con seguridad aquí tengo mucho que hacer.

Fracaso y experiencia

Cuando fracasamos,
por lo general abandonamos nuestro reto
con rabia y frustración,
sin darnos cuenta
de que así no aprovechamos
el aprendizaje.

Cuando erramos aprendemos
y, en esa medida,
nos acercamos al éxito.

Cuando abandonamos el reto
desperdiciamos
nuestra mayor oportunidad.

R. H.

El mensaje

*La infelicidad suele deberse
al trauma provocado por la pérdida de algo.
Nunca conocemos el valor
de lo que tenemos
hasta que lo perdemos
y eso hace más traumática la pérdida.*

*La pérdida se presenta en maneras
variadas y complicadas.*

*El fracaso es una forma
de pérdida de autoestima.*

*Se pierde a un ser querido, el afecto de alguien,
nuestro empleo, dinero, objetos y todo aquello
que consideramos nuestra propiedad.*

*El sentido de pertenencia es natural e instintivo
en el ser humano
y difícilmente nos evadimos de él.
Esto hasta que descubrimos
que, al final,
nos volvemos dependientes
de aquello que poseemos
o que contemplamos como nuestro,
ya sean objetos, sentimientos o personas.*

*La actitud competitiva estimula el instinto
que nos mueve a poseer
con un afán enfermizo y egoísta,
con el simple objetivo de
fortalecer nuestra autoestima
y compensar nuestra inseguridad.*

*En la medida en que nos preparemos
para prescindir de aquello que apreciamos,
lo disfrutaremos más
y reduciremos el riesgo
de llegar a ser infelices.*

*Quien menos tiene es más libre,
porque poseer implica cuidar.*

*Disfrutemos de lo que nos rodea,
del mismo modo que si fuese prestado.*

6. Las peripecias del orangután

Pello, el orangután, formaba parte de una pandilla de simios adolescentes que, por la inseguridad propia de su edad, eran muy competitivos entre sí. Nuestro personaje era el menos habilidoso del grupo y el último en las competencias que organizaban, lo cual le hacía sentirse desafortunado.

Esa tarde su equipo se había enfrentado a una pandilla rival en un deporte inventado por ellos parecido al fútbol americano, aunque sin reglas y con un coco —en lugar del balón— como el eje de la competencia.

Su equipo, que era muy efectivo, se llevó el triunfo. Sin embargo, en comparación con el desempeño de sus compañeros, el

Optimismo y liderazgo

El optimismo es la más importante
fuente del liderazgo auténtico,
del mismo modo que el pesimismo
es penalizado con la marginación y la soledad.

Casi todos
nos sentimos atraídos por la personalidad
de quienes se convierten en fuente de optimismo
y contagian su entusiasmo.
De igual modo, evitamos a quienes
pueden contagiarnos su pesimismo o desánimo.

R. H.

suyo había sido mediocre, aunque sí superior al del equipo contrario.

Draco, poseedor de una intuición altamente desarrollada, percibió su estado de ánimo y le preguntó cual era la razón de su tristeza.

Al sentirse descubierto, a Pello no le quedó más remedio que confesar lo sucedido en la playa esa tarde.

—Por más que me esfuerzo, siempre soy el peor de mi equipo y aunque mejore, ellos avanzan más rápido que yo.

—¿Qué tanto has mejorado últimamente? —le preguntó el búho.

—Mucho, pero no lo suficiente para ser competitivo —respondió el orangután.

De manera enfática, el ave manifestó:

Si eres cada vez mejor, ya eres un triunfador.

—Entonces, ¿por qué no me siento satisfecho? —inquirió de nuevo Pello.

El búho replicó:

Porque es muy probable que las metas que te has trazado estén por encima de tus posibilidades. Si te fijaras metas más cortas y realistas te sentirías motivado al alcanzarlas y ello estimularía tu ánimo con constancia. Tu autoestima no puede estar supeditada a los parámetros que se han trazado tus amigos, porque las capacidades de cada uno de ustedes son individuales y propias de sus circunstancias.

—Ésa es una actitud conformista —reclamó el cachorro de león, seguramente también afligido por la misma problemática.

El búho aseveró:

Virtudes y defectos

*No podemos evaluar
a una persona con justicia
en tanto no aceptemos
que la condición humana no es perfecta;
más bien, consiste en una mezcla equilibrada
de virtudes y defectos.*

*La valía de una persona
se mide a partir de que en la balanza
pesen más sus virtudes que sus defectos.*

R. H.

De ningún modo. Las metas deben fijarse de modo tal que por lo menos exista cincuenta por ciento de posibilidades de ser alcanzada. A su vez, deben contener un reto que implique realizar un esfuerzo adicional o cubrir un estándar superior a lo que acostumbramos lograr.

Tanto Pello como Makeba mostraron una expresión meditabunda después de la explicación. Intentaban asimilarla y referenciarla a su vida cotidiana.

Dirigiéndose a ambos, el águila también expresó su opinión:

Preocúpense por cubrir sus propias metas y dejen que su conciencia los evalúe, a ella no podrán engañarla. Y olviden el juicio de quienes los rodean, ya que puede ser injusto o demasiado benevolente.

El búho consideró imprecisa la aseveración del águila y la rectificó:

O bien, tomen la opinión ajena como un simple punto de referencia para fortalecer su criterio personal.

Draco, que con intención se había mantenido al margen a lo largo de todas las intervenciones, para permitir que las respuestas surgieran de ellos mismos, quiso precisar aún más:

No sean excesivamente rígidos en la autoevaluación, ni tampoco pequen de complacientes. Sean justos y equilibrados al reconocer sus aciertos y sus errores; así descubrirán que el éxito sí es compatible con la felicidad.

EL MENSAJE

*El auténtico éxito es personal
y se refiere a que se cumplan
nuestras propias expectativas.*

*Otra cosa diferente
es lo que piensan los demás
con respecto a nuestro éxito.*

*A veces no logramos
nuestro objetivo personal,
pero para los demás somos exitosos.
Otras, sentimos merecer el éxito
por haber cubierto nuestros objetivos,
aunque los demás no lo reconozcan.*

*Es importante cuidar
los estándares que nos fijamos:
si son muy altos
generan frustración continua,
aunque los logros sean valorados por los demás.*

*Si carecen de reto,
desestimulan nuestras aspiraciones
y frenan nuestro espíritu de superación.*

*No debemos tomar como referencia la vida ajena
porque las circunstancias de cada uno son distintas.
Así como hay quienes tienen menos,
otros tienen más.
Compararnos es motivo de frustración.*

7. EL PODER DEL DINERO

La ardillita, con la ingenuidad derivada de su carácter sencillo, le solicitó al dragón:

—Querido Draco, cuéntanos como es Utopía.

Si bien su curiosidad era compartida por todos, debido a las discusiones en las que se enfrascara el grupo, esta interrogante había sido olvidada por momentos.

El dragón, con hasta cierto punto escasa participación en la reunión —quería dejar hablar a los demás—, se dispuso a describir el país de sus ancestros, el cual sólo conocía por las referencias del anciano dragón.

Los miembros del grupo se pusieron cómodos, dispuestos a escuchar con atención.

Adaptación

*En las organizaciones empresariales,
sociales y políticas,
las personas que generan conflictos
—aunque tengan la verdad de su lado—
acaban por ser marginadas.*

*La flexibilidad, la capacidad de concertación
y la capacidad de adaptación
constituyen la herramienta más importante
para escalar posiciones de liderazgo.*

R. H.

Miles de años atrás los dragones habitaban esta selva y algunas más. Para sobrevivir debían luchar contra los dinosaurios y otras especies feroces. Esto estimulaba la maldad y la infelicidad entre los dragones, de tal forma que su agresividad llegó a reflejarse en el seno familiar. Los dragones se convirtieron en una especie guerrera, superior incluso a la de los humanos porque, cuando éstos aún no descubrían la pólvora y no fabricaban armas de ese tipo, aquéllos poseían el poder del fuego. Además, gozaban de la capacidad para volar, cuando los humanos ni siquiera imaginaban que algún día podrían fabricar aeroplanos.

El gran emperador Hubertus I, sabio gobernante, preocupado por la infelicidad de sus súbditos, decidió acabar con este mundo agresivo y depredador; en consecuencia, ordenó que la raza dragona emigrara a tierras vírgenes, donde pudiera iniciar una nueva historia.

Con este fin envió un batallón de exploradores a recorrer el mundo en busca de una nueva tierra. Cinco años después se decidió por un valle apartado y deshabitado, inaccesible por tierra por estar rodeado de peligrosas montañas.

En una sola noche todas las tribus dragonas iniciaron el éxodo a su nuevo hogar. Se cuenta que el cielo se oscureció por completo durante la madrugada. No se apreciaban la luna ni las estrellas porque el firmamento estaba bloqueado por cerrados contingentes de dragones que, impulsados por la ilusión, volaban hacia Utopía.

Al desaparecer de modo tan repentino, la historia humana consignó su desaparición como producto de la extinción. Lo temprano de la pérdida de las huellas de nuestra especie ha causado dudas entre los humanos de que en realidad hubiésemos existido, por lo cual nos convertimos en un mito. No hay constancia histórica de nuestra existencia.

Los dinosaurios y otras especies de la era jurásica desaparecieron por su incapacidad para trabajar unidos y protegerse de una naturaleza muy hostil como la existente entonces.

El emperador Hubertus se propuso eliminar la principal razón de la falta de solidaridad: la ambición y la avaricia. Para ello decidió evitar el uso del dinero y fomentar el trueque de

EL DINERO

El dinero no es un factor de motivación
y no debe ser el eje de nuestra vida.

Cuando lo poseemos en exceso
creamos nuevas necesidades
hasta llegar al límite
de nuestra nueva capacidad de compra.
Nos hacemos de objetos y servicios innecesarios
y volvemos a quedar como al principio.

Cuando nos falta y no tenemos
para adquirir lo básico,
se convierte en un problema.

El dinero no se relaciona con la felicidad
y nunca será suficiente.

Es, sencillamente,
un factor de tranquilidad y bienestar.

R. H.

productos. De este modo se frenó la tentación que genera la especulación de moneda. Todo lo que se producía en Utopía era depositado por los ciudadanos en un centro de abasto, del que cada quien podía tomar lo que necesitara en ese momento.

No había salarios...

—¡Eso es injusto! —interrumpió la guacamaya—. Los humanos no trabajarían, no harían nada si no recibieran algo a cambio de su esfuerzo. Quienes eran mis amos se quejaban continuamente de que no les alcanzaba lo que ganaban.

—Y seguro eran infelices —opinó Coco, el cocodrilo, con voz ronca e imponente.

—¡Por supuesto que lo eran! —confirmó Nancy—. Cada vez que sus patrones les aumentaban el salario se alegraban y empezaban a gastar más y más y más, hasta que, de nuevo, era insuficiente... Y ¿qué sucedía? Perdían la motivación y la infelicidad volvía a apoderarse de ellos—concluyó la guacamaya con tono triste, ya que todavía sentía afecto por aquellos que fueran sus amos.

El dragón expresó:

Mi maestro me decía que así es la psicología humana, muy compleja. Y eso es lo que intentó parar en seco Hubertus en la sociedad dragona. Cuando los seres humanos reciben un aumento de salario, empiezan a comprar más hasta que ajustan su nivel de gastos a su nueva posición económica. A partir de ahí el dinero pierde su importancia como motivador y la gente se muestra apática.

—Entonces ¿qué significa el dinero? —preguntó la ardillita con su característica timidez—. Si no los hace felices, ¿por qué lo usan?

Draco contestó:

Los bienes materiales

*Quien aprende a prescindir
de los bienes materiales
asume un mayor control de su vida.*

*Quien posee algo valioso
y se angustia por cuidarlo
se vuelve esclavo
de aquello que le pertenece.*

*Aprendamos a vivir con el riesgo
de perder lo que valoramos…
y descubriremos el placer de poseer
disfrutando su uso.*

R. H.

El dinero es como el aire y como la salud. Si no se tiene sobreviene una crisis, pero cuando se posee, pasa inadvertido hasta tornarse en algo habitual. Es como un elemento de higiene mental, pues les da tranquilidad, sin que esto signifique felicidad.

—Yo creo que es porque genera adicción. Cuanto más tienen, más quieren —señaló Pello, quien también convivió con humanos en su niñez.

Su historia era triste y excitante a la vez: cuando era pequeño fue capturado por unos traficantes de especies animales raras que pretendían venderlo en el mercado negro de mascotas, pero, por fortuna, la policía los atrapó y los animales fueron devueltos a la selva.

En Utopía hay justicia, igualdad y confianza, por eso sus habitantes son felices. Nadie toma más de lo que necesita porque cuando lo requiera podrá disponer de ello, de manera que, ¿para qué incomodarse guardando algo que podría descomponerse?

—¿Y qué les motiva a trabajar? —cuestionó don Gato.

La satisfacción de sentirse útiles, necesarios, de ver sus obras concluidas. De saber que su existencia tiene significado por lo que realizan.

—¿Cómo saben los dragones sobre los humanos, si siempre se han escondido de ellos? —inquirió el búho, con su parsimonioso estilo de hablar.

Sorprendido, el dragón sonrió y, sintiéndose un tanto atrapado, adujo:

Es que el Estado dragón también cuenta con sus recursos de inteligencia...

EL MENSAJE

El dinero no es la única razón para trabajar.

El dinero es necesario,
pero pierde su efecto motivador apenas ajustamos
nuestro nivel de vida a la nueva posición económica.

El consumismo es el estilo de vida
que nos impulsa a vivir al máximo
de nuestra capacidad de compra.
Genera dependencia
al acostumbrarnos
a un nivel de ingresos
que implica la creación
de múltiples compromisos.

Al sustentar nuestra felicidad en el dinero,
perdemos libertad
y nos volvemos dependientes.

Sin menospreciar la importancia del dinero,
debemos rescatar
el valor que entraña la satisfacción
de hacer bien las cosas.
Sólo así lograremos
ser independientes en lo psicológico,
lo cual es requisito indispensable
para ser felices.

8. Don Pato y doña Pata

Don Pato y doña Pata llegaron retrasados, balanceándose al caminar. Él marchaba adelante y ella seguía sus huellas, casi como si pretendiera pisar encima de ellas.

El par de patos estaba más allá de la madurez, pasada la segunda mitad de su vida. Regordetes ambos, habían escapado varias veces de los perdigones de los cazadores furtivos que de cuando en cuando violaban la tranquilidad de la selva. Los pelos claros de la parte de arriba de su cabeza despeinada semejaban las canas de los humanos.

Don Pato llevaba al cuello su inseparable corbata de moño, la cual le daba un aspecto distinguido y hasta solemne. La encontró tiempo atrás entre los restos de un picnic disfrutado por varias

83

Timidez

La agresividad es el modo
en que los débiles
esconden sus temores
y disfrazan su vulnerabilidad.

R. H.

familias de la ciudad más cercana. Esa vez doña Pata dio con una servilleta de bolitas que convirtió en pañoleta. Su aspecto físico iba acorde con su mentalidad tradicionalista y observadora de las formas.

Con tono ronco, don Pato graznaba para hacerse oír por donde pasaba. Su esposa refunfuñaba detrás de él, corrigiéndole sus modales toscos, sin importar que su áspera relación fuera la comidilla diaria de la comunidad animal.

Con el paso del tiempo a ella se le agriaba el carácter; era más criticona e intolerante y él, harto, la ignoraba, con un desenfado que rayaba en el cinismo. Su actitud exasperaba a doña Pata y le provocaba frecuentes berrinches que solían culminar en críticas mordaces a su esposo, justo cuando había quórum. ¿El resultado? Don Pato hervía de cólera aunque, sintiéndose impotente y con el fin de no quedar en ridículo aún más, fingía demencia, como si él no fuera el objetivo de los exabruptos. El círculo vicioso era interminable: la ira de doña Pata iba en aumento y su espectáculo no terminaba sino hasta que su audiencia, aburrida del mismo guión, empezaba a abandonar el foro.

No obstante estos incidentes, la pareja se amaba… o simplemente se necesitaba, según la opinión de doña Firi, la todavía bella flamingo.

Alguna vez el docto búho, con su magistral sabiduría, sentenció acerca del tema:

La agresión es el modo en que se comunican aquellos que se aman, pero que no saben cómo expresarlo sin exhibir su vulnerabilidad o su temor a sentirse cursis.

Los alegatos de la pareja interrumpieron la exposición del pequeño dragón, lo cual irritó a la selecta concurrencia, que casi al unísono les dirigió miradas de reproche. Hubo de todo, desde

Empatía

La mejor forma de entender a los otros
es ponernos en sus zapatos
para mirar la vida
desde su perspectiva.

Sólo así
podremos ser más persuasivos
y mejorar nuestra comunicación.

R. H.

las compasivas —de la ardillita, Firi, el búho y Pello—, furibundas —del cocodrilo y el águila— o francamente agresivas —de la guacamaya, la zorra, la hiena y don Gato—. Aunque también se dejó sentir una muy impositiva, la del cachorrito, quien, queriendo imponer orden —como correspondía a su rol de príncipe de la selva—, emitió un gruñido que intentó hacer potente y temible, pero que quedó en el camino como un buen intento.

—Perdón —expresó, compungida, doña Pata—, no queríamos interrumpir; es más, si quieren nos vamos —agregó con fingida cortesía.

Sin embargo, ante el silencio de la concurrencia, que no estalló en el esperado "No... no es para tanto... ¡quédense!", don Pato completó:

—Es que mi pata a veces habla más de la cuenta.

—No es cierto, tú siempre me provocas, me haces perder la paciencia, como sucedió ahora…

Al ver que nadie le seguía el juego, dándole la razón, doña Pata prefirió cortar su desgastado discurso y dijo:

—Sólo queremos saber la hora de la partida y vamos por nuestro equipaje. ¿Cuándo será conveniente regresar?

—Aún no sabemos si habrá viaje. Intentamos convencer al pequeño dragón, estimada señora —repuso Coco, un tanto burlón.

—Es que como Firi y Nancy aseguraron en el mercado que el dragoncito es fácil de convencer, mi pato y yo suponíamos que únicamente ultimaban detalles para…

—¡Mentirosa! —chilló la furiosa guacamaya.

—Yo jamás dije eso —intervino la flamingo, consternada y con actitud culpable.

—¡Calma, señoras! —se impuso Draco, al vislumbrar una tormenta de reproches—. Será mejor que ambos expliquen sus motivos.

Con sus palabras se restableció la calma.

El perdón

*El perdón beneficia más a quien lo concede
que a quien lo recibe.*

*El perdón nos libera
de la esclavitud de los rencores
que amargan el espíritu
y nos roban la paz.*

*Al perdonar
no sólo nos reconciliamos
con quien nos ha ofendido,
sino también con nosotros mismos,
pues rescatamos la confianza
en las personas a nuestro alrededor
y nos reencontramos
con nuestros propios sentimientos.*

R. H.

—Necesitamos una nueva oportunidad —explicó el pato—. La precariedad de nuestra vida nos ha…

—Yo que él me iría solo —murmuró con sorna el cocodrilo a su compadre el orangután.

Pero, dada su postura por completo horizontal, no le fue posible decírselo al oído y el comentario filoso cortó de tajo el monólogo del pato. Este último miró al bohemio cocodrilo, por el cual sentía gran afecto, ya que conservaba el recuerdo de los largos paseos acuáticos que hicieran en su juventud, él montado sobre el lomo del anfibio.

—¡Maldito! —chilló la pata, al escuchar la mordaz acotación.

—Pero se llevan muy mal —dejó caer el orangután, imprimiendo a su voz un tono de conciliación, para así exculpar a su compadre.

—Tienen razón —asintió el pato—, pero ya no sabría vivir sin ella.

Turbada por la confesión, la pata bajó la cabeza.

—Seguramente es el hábito —opinó con mordacidad la hiena.

—Lo has tratado muy mal —abundó Firi, dirigiéndose a doña Pata.

—Es que siempre me ha desesperado su conformismo —se justificó ella.

—Pero, ¿acaso le ofreciste ayuda? —la cuestionó el búho—. No es lo mismo pedir y esperar que el otro consiga, que pedir y ayudar a conseguir lo que se anhela.

Animado por lo dicho por los otros animales, el pato manifestó:

Es cierto, siempre me sentí solo, obligado a lograr las cosas y por ello nunca te las di con gusto, sino por compromiso. Y qué decir del modo en que me exhibías ante los demás cuando fracasaba en el intento. Mostrabas mis debilidades en público.

La comunicación

*En las relaciones emocionales,
lo que no se expresa no existe.*

*El albergar sentimientos
es tan importante
como saber comunicarlos con claridad
a nuestros seres queridos.*

*Los sentimientos mueren
cuando no sabemos
que son correspondidos.*

R. H.

Después de escuchar a su querido esposo, doña Pata le confesó
al grupo:

> *Reconozco que lo que dicen es cierto, pero no sé actuar de otro
> modo. Si él me reclamara continuamente, para mí eso significaría
> que sabe que estoy a su lado. Prefiero sus reproches a su indi-
> ferencia, que me hiere más que un insulto.*

La pata calló, al sentir descubierta su mayor debilidad, es decir,
su inseguridad y su incapacidad para expresar sus sentimientos.

—Pues éste es un buen principio, si entienden la lección —concluyó el águila, quien hasta el momento se mantuviera al margen
de la discusión.

Doña Pata aprovechó la oportunidad para enviar un mensaje
sutil a Draco:

> *Estoy segura de que un nuevo entorno ayudaría mucho a romper
> viejos hábitos… viejas actitudes…*

Después de un silencio que aligeró la tensión prevaleciente, el
grupo cambió de tema.

El mensaje

¿Cuáles son los principales conflictos
que obstaculizan la relación de pareja?

Ser incapaz para expresar afecto
y usar la agresión verbal
como sustituto del mismo.

Lastimar la autoestima del compañero
ante los demás,
e incluso ante uno mismo.

Discutir acorralando al compañero,
de modo tal que siempre haya
un vencedor y un vencido.

Traicionar la intimidad del compañero,
desnudándolo ante los demás.

9. Las mil máscaras del destino

Don Gato echó de menos a Firi y dio la voz de alarma.

—¿Dónde estará?—se preguntaban entre sí.

—Estaba muy cerca de mí —dijo el orangután, con el asombro reflejado en el rostro.

El bromista cocodrilo lanzó uno de sus comentarios habituales:

—Dado que la luna hoy emite tanta luz que el lago está convertido en un inmenso espejo, seguro se encuentra en pleno proceso de acicalamiento.

Su comentario logró el efecto deseado, pues la guacamaya, tradicional rival de Firi, apuntó:

—Después de la historia de amor que escuchamos, es muy probable que ella se prepare para ir en busca de la suya.

LA EDAD

La edad es un parámetro relativo.
Con el paso de los años,
la vida compensa el deterioro físico
con experiencia.
Ésta es la fuente de la sabiduría.

En la juventud somos dependientes
de nuestras emociones,
lo cual nos roba la tranquilidad.

En la juventud
el control de nuestra vida
no está en nuestras manos,
sino en las de la persona
en quien hemos depositado nuestros sentimientos
y a quien convertimos en el eje de nuestra existencia.

A medida que maduramos,
aprendemos a controlarnos
y tomamos conciencia de lo que vivimos.
Disfrutamos cada momento placentero a plenitud,
en armonía con nosotros mismos.

R. H.

—Dejen de bromear, salgamos a buscarla —propuso el príncipe felino, deseando comandar a sus amigos en una nueva aventura.

El águila se ofreció a salir a buscarla, pues —informó— "desde las alturas la visión es integral y perfecta".

Selva adentro, aunque bastante cerca del punto de reunión del grupo, hallaron a Firi. El águila aterrizó con rapidez junto a ella. Por el carácter sorpresivo de la visita, la flamingo no pudo disimular el llanto. En unos segundos más, el búho también se posó a su lado.

Firi, sentada sobre el viejo tronco de un árbol derribado años atrás por un rayo durante una fuerte tormenta jamás olvidada en el bosque, se lamentó de su mala suerte.

No he logrado lo que más he deseado… las oportunidades se me escapan antes de llegar a mí… nací con mala suerte… soy muy desdichada.

Sus sollozos entrecortados tomaron desprevenidos a sus amigos, quienes, acomodados sobre una de las ramas, intentaban consolarla. Sin embargo, no atinaban a pronunciar las frases apropiadas.

—No debes lamentarte tanto, pues en muchos aspectos eres afortunada, al grado de que otras aves envidian tu belleza —le dijo el águila.

—Mi hermana siempre envidió tu plumaje, color, esbeltez y elegancia; te consideraba la personificación de la feminidad. En cambio, la pobre es negra, regordeta, sosa y, además, siempre se le ve somnolienta —quiso animarla el búho.

—Y, sin embargo, esta belleza se queja, querido amigo —terció el águila, dirigiéndose al búho, con la intención de azuzar a Firi.

—Y qué decir de la plácida vida de princesa que lleva esta dama, dueña y señora del lago: admirada por todos, pretendida

La fidelidad

La fidelidad es la base de la armonía,
dado que atrae la reciprocidad.

Las relaciones sustentadas en la fidelidad
están protegidas por la confianza
y establecen un compromiso de largo plazo.

La fidelidad es el primero
de los valores humanos:
la fidelidad
a quienes confían en nosotros…
a nuestros ideales…
a los amigos…
a la familia…
y a todo lo que tiene un determinado valor.

La fidelidad es, en suma,
la base de nuestra paz interior.

R. H.

por muchos, camina sobre el agua, nada y puede volar cuando lo desea —agregó el búho—. Es obvio que no tiene ni idea de lo que significa ver pasar la vida encadenado a la rama de un árbol.

—Ésta sí es una paradoja —indicó el águila—. Quien lo tiene todo es la más infeliz de la selva.

Sin poder contenerse, Firi chilló:

¡Me estoy volviendo vieja! Paso todo el tiempo en el lago para que nadie descubra cómo me duele arrancarme esas desagradables plumas blancas que nacen a medida que avanza la edad.

—Pero durante largos años has disfrutado tu belleza y los beneficios que ella te trajo —la recriminó el búho—. Muchas aves, como las de mi especie, jamás han disfrutado de tal privilegio y se hubieran conformado con gozar por cinco minutos lo que tú has tenido siempre… Es increíble que, aun así, sean más felices que tú.

—La felicidad es como la salud, sabemos que la hemos disfrutado hasta que empezamos a perderla —expresó el águila.

—Una frase muy sabia —alabó el búho.

Firi se quejó:

Pero lo más valorado por mí lo he perdido y eso me hace infeliz. No se imaginan lo que significa no tener conmigo a Firirión, a quien sedujo una flamingo más joven que yo.

—Y dime, ¿quién no hubiera escapado de tus lamentos? Es un secreto a voces que, desde que te despiertas cada mañana hasta que anochece, sólo eso se escucha de ti —repuso el águila.

—Uuuuuy, ¡unas nuevas arrugas alrededor de mis ojos!… ¡Pobre de mí con estas anchas pechugas que crecen desaforadamente!… ¡Ay de mí con estas nudosas piernas! —se mofó el búho, pretendiendo imitar la tipluda voz de Firi.

EL AMANECER

Cuando más oscura está la noche,
más se acerca el amanecer.

De igual forma,
cuando más profundos
son nuestros problemas
más cerca estamos de su solución,
pues ya habremos recorrido
la mayor parte del camino.

Adaptación de un
proverbio popular

Ésta respingó:

¿Cómo no lamentarme si veía que perdía mis encantos ante Firirión?

—Cuanto más temes algo, más lo provocas —apuntó el águila—. ¿No has pensado que quizá tú propiciaste que eso sucediera? Del mismo modo, cuanto más quiere uno retener a alguien, más obsesivo se vuelve y más incómoda llega a ser la relación.

Firi asintió:

Tal vez tengas razón, pero, además, he perdido ya las ilusiones, mis mejores tiempos han pasado. Por eso necesito irme lejos de aquí… volar a otro mundo, donde nadie me conozca… iniciar una nueva vida… en Utopía, por ejemplo…

Aún no acababa de pronunciar la última palabra cuando se escuchó la voz estruendosa del orangután:

—¡Aquí están… vengan rápido!

En una fracción de segundos aparecieron Pello, la ardilla y don Gato, con lo que la charla perdió su carácter privado.

La vanidosa Firi no estaba dispuesta a permitir que los demás la viesen desencajada. Recobró la compostura y con voz fingida explicó:

—Empecé a sentirme tan mal, que preferí abandonar al grupo con tal de no arruinar la reunión. Pero, gracias a los cuidados del águila y el búho, ya me siento mejor… ¡Vamos!

El pequeño contingente emprendió el camino detrás de la elegante Firi y su rítmico balanceo. Mientras tanto el águila voló para localizar a sus compañeros, deseosa de avisar a todos los que hubiesen salido en busca de su amiga que ya podían regresar.

Pocos minutos después todos se hallaban reunidos de nuevo alrededor del pequeño dragón.

Soñar y desear

Todo aquello que deseamos con firmeza…
¡sucede!

Por lo regular la realidad se ajusta
a nuestros sueños y deseos.

Para que un sueño se materialice
en la realidad cotidiana,
primero debemos visualizarlo…
imaginarlo como una película
en la que nosotros somos la figura central
y vivimos lo que deseamos.

Además, debemos esforzarnos
y realizar todas las tareas
que nos coloquen en el camino
trazado por nuestra imaginación.

Los deseos nunca se materializan
de un día para otro,
como si fueran concedidos por un hada.
Más bien, se construyen día a día
con pequeñas acciones cotidianas
que pasan inadvertidas.
Sólo cuando miramos hacia atrás,
al principio del camino,
descubrimos que los hemos conseguido.

R . H .

—Que hable Firi ahora —sugirió la guacamaya.

La aludida le dirigió una mirada furibunda.

—Muy bien, Firi, dinos, ¿por qué quieres viajar a Utopía? —le preguntó Draco.

Porque aquí ya no tengo ilusiones, mi vida es triste y monótona, todo me sale mal.

—Es que eres muy pesimista —opinó Coco, el amigo más cercano y protector de Firi, con quien pasaba largas horas en las aguas bajas del lago.

No es que sea pesimista, querido Coco, soy realista. Todo es terrible para mí, por eso a veces prefiero no ilusionarme con nada... para qué me arriesgo.

El dragón intervino:

Cuando uno desea algo y se ilusiona por conseguirlo, es difícil que no consiga su aspiración. Parece ser que, por alguna extraña razón que aún no logro comprender racionalmente, al final la realidad siempre se acomoda a nuestros deseos. Pienso que, en lo más profundo de nuestro ser, de modo inconsciente nos programamos para que todo lo que hagamos se alinee y se ajuste en apoyo de ese deseo. Tal cosa sucede sobre todo cuando en verdad se trata de objetivos importantes, ésos que de repente se convierten en una obsesión.

—Todo lo que dices suena bien, pero, ¿cómo se logra? ¿Qué debo hacer para que mis sueños se cumplan? —preguntó el inquieto cachorro de león.

El dragón, sabio pese a su corta edad, explicó:

Las oportunidades

Las oportunidades siempre están
al alcance de nuestra mano,
pero no queremos verlas
porque no estamos dispuestos a pagar
el precio que implica aprovecharlas.

Solemos prestar atención
a lo que queremos ver
y cerrar los ojos
a lo que se opone a nuestros deseos.

R. H.

Primero imagínalo… intenta verte a ti mismo disfrutando de lo que deseas. Esta imagen mental le conferirá a tus ilusiones el aspecto realista que necesitas para estimular tu optimismo y esforzarte por concretarlas. De esta manera te fijas un objetivo concreto y claro.

Después motívate para conseguirlo… deséalo con fuerza y convéncete de que lo obtendrás. Así fortalecerás tu voluntad y encontrarás la motivación requerida para salvar los obstáculos. Repítete mil veces que lo quieres y es muy probable que logres alcanzarlo.

Por último, esfuérzate, trabaja para ese fin, pues nada de lo anterior te será útil si no actúas.

—¿Y si las cosas no salen como esperamos? ¿Si las ilusiones se derrumban? ¿Qué debemos hacer en ese caso? —inquirió la hiena, pesimista y pragmática por naturaleza.

Después de unos segundos de respiro, el dragón le explicó:

En la vida no hay nada absolutamente seguro… ni siquiera nuestra permanencia en el mundo.

Lo cierto es que si no enfrentamos los retos con optimismo, convicción, entereza y decisión, desde el inicio estaremos condenados a fracasar en nuestro intento de materializar nuestras aspiraciones. Si, después de hacer todo lo que estaba a nuestro alcance, los imponderables que no controlamos nos lo impiden, habremos de mostrar la entereza necesaria para afrontar con valentía la frustración y la desilusión, asimilar la experiencia y olvidar lo sucedido.

Podemos perder una batalla, pero eso no significa perder la guerra. Quien sabe lo que quiere y se esfuerza por ello, más adelante verá compensado su optimismo con otros logros. Nuestra lucha continua por alcanzar la felicidad es lo que le da sentido a nuestra vida.

—Draco, has hablado largo y nos has enseñado muchas cosas. Ahora yo quiero preguntarte: ¿tú eres feliz? —intervino la hiena.

Extremos

La vida es como un impetuoso río…
un constante cambio de circunstancias
que se mueven entre los extremos:
la alegría y la tristeza,
la felicidad y la infelicidad.

Quien no ha sentido tristeza
jamás podrá identificar la alegría.
Carece de un punto de referencia
que le permita saber
cuándo la ha encontrado.

R. H.

Reflexivo, el joven dragón respondió:

La alegría y la tristeza son pasajeras, pues responden a los diferentes momentos y etapas de nuestra vida. Los pequeños fracasos generan tristeza en mí, así como los logros me hacen sentir alegría. Pero la felicidad es un estado permanente derivado del optimismo, de la esperanza de que siempre habrá tiempos mejores. Sin embargo, si tomamos en cuenta que la esencia de la felicidad es la sensación de estar satisfechos con nosotros mismos y en paz con quienes nos rodean, con el mundo y con nuestra vida, yo diría que, en efecto, sí soy feliz.

El silencio se apoderó del grupo, mientras sus miembros reflexionaban sobre las enseñanzas del dragón y la manera de aplicarlas a sus propias vidas.

El mensaje

*Nunca sabremos si las oportunidades son para nosotros
hasta que intentamos aprovecharlas.*

*Debemos intentarlo todo, pero sin perder el buen juicio.
Éste nos indicará cuándo conviene retirarnos
antes de empezar a perder la confianza en nosotros mismos.*

*Es esencial entender y aceptar
que no obtendremos todo lo que queremos.
No obstante, con seguridad, al final
siempre lograremos más de lo que se nos ha negado.*

*Al soñar, inconscientemente programamos
nuestra vida para lograr nuestro objetivo
y esa visión puede cambiar nuestro destino en forma radical.*

*Quien no tiene una visión de su propio futuro
es como una hoja de árbol que se mueve
en la dirección en la que sopla el viento.*

*Quien alberga un sueño que se convierte
en una visión de su propia vida
asume el control de sí mismo y de su destino,
pues la realidad siempre seguirá la huella de sus sueños.*

*Los pesimistas que se disfrazan de realistas
no sólo se dañan a sí mismos,
sino que también contaminan a quienes les rodean:
en pocas palabras, les roban sus sueños
y los cambian por desánimo.*

10. El banquete del cocodrilo

—Que hable el cocodrilo —gritó Nancy.

—¿Y por qué yo? —repuso un enojado Coco.

—Porque el dragón quiere conocer nuestros motivos —se burló la guacamaya.

—Al fin y al cabo todos hablaremos —mencionó Pello.

El dragón, siempre buscando evitar discusiones, confirmó:

—¿Por qué quieres irte? Tú siempre estás de buen humor, pensé que aquí eras feliz... tienes todo lo que necesitas.

Apenado, Coco contestó:

Es que aquí hay muy poco alimento. Cada vez me siento más viejo y más lento. Los peces se me escapan, casi se burlan de mí, pasan a mi alrededor y me faltan al respeto.

EL VALOR DE LA VERDAD

Al hablar con la verdad,
—por difícil o incómoda que ésta sea—,
lo peor que podemos provocar
es un enojo temporal
que no deja huella,
dado que el disgusto se olvida.

En cambio, si decimos una mentira
—y somos descubiertos—,
sembramos desconfianza,
sentimiento que durará toda la vida.

Resolver la situación
será difícil,
y, aun si lo logramos,
siempre quedará presente la duda,
interponiéndose entre quien
dijo la mentira
y la persona a quien la dirigió.

R. H.

—El problema es que eres muy goloso —señaló Pello, su compañero de pesca y su mejor amigo—. Cuanto más comes, te vuelves más pesado y lento. Por eso te cuesta tanto trabajo alcanzar a los peces.

—Y por lo mismo tienes tantos trastornos estomacales —añadió Nancy.

—Coco come hasta hartarse, de ahí que luego se quede dormido —recalcó la bella Firi—. Simplemente no sabe cuándo darse por satisfecho.

—Es que carece de voluntad —agregó el búho.

—Bueno, bueno, ¿por qué me critican tanto? —se quejó Coco—. No parece que son mis amigos.

—Es que a los amigos se les ayuda más hablando con la verdad —precisó el águila.

—Si tomaras sólo lo necesario, sería mucho mejor; quien quiere abarcar mucho no domina nada —mencionó el búho.

Coco insistió:

Pero es que yo siempre he dominado el lago. Así como el rey León domina la selva, yo he reinado en estas aguas desde siempre. ¿Comprenden mi frustración?

—De acuerdo, pero no es lo mismo un cocodrilo joven que uno viejo. Las facultades se pierden conforme avanza la edad —opinó el águila—. Uno sólo debe conservar lo que puede cuidar. A ver, ¿ustedes saben por qué el rey Tigris perdió su territorio frente al rey León?

—Que nos lo cuente Makeba —terció la zorra.

Apenado, el pobre cachorro tartamudeó:

—E… es que eso aconteció hace tiempo, fue en la época de mi abuelo.

—Cuéntanos la historia —sugirió Draco.

La ambición

La ambición es la fuente
de las peores desgracias.

El deseo de poseer sin medida
nos impide centrar nuestra atención
en el cuidado y protección
de lo que en realidad nos es valioso.

Cuando no decidimos
qué podemos sacrificar
y lo cedemos con generosidad
a quien le pueda dar mejor uso,
corremos el riesgo de perder
aquello de mayor valor.

R. H.

El cachorro se decidió a narrar lo que sabía:

No la conozco bien. Tan sólo sé que antes el territorio de mi abuelo no llegaba más allá de las montañas que se ven sobre el horizonte.

Con la pose de maestro culto que tanto le agradaba, el búho decidió hacer su aportación:

Mi padre me contó la historia. Hace varias décadas éste era un reino próspero y pacífico, pues el rey Makeba III, de férreo carácter, mantenía el orden y la disciplina. Sin embargo, en el reino vecino, gobernado por el rey Tigris I, su segundo hijo, el príncipe Treka —quien no era el heredero, pero sí muy ambicioso—, le exigió a su padre que le prometiera convertirlo en su sucesor. Tigris se opuso, ya que la tradición obligaba a respetar la línea sucesoria, que recaía en su hijo mayor.

Mortificado por no poder hacer realidad el deseo de su hijo preferido, por sugerencia de su canciller decidió crearle un dominio nuevo, tomando un área de cada uno de los tres reinos circunvecinos.

Al sentirse en peligro, el rey Makeba III se unió con los gobernantes de los otros dos territorios y formaron un ejército común. Éste tomó por sorpresa la capital de Animalia e hizo prisionero al rey Tigris, hasta cierto punto indefenso porque su ejército luchaba afuera, en busca de nuevas tierras.

Con Tigris como rehén fue fácil vencer a su ejército, el cual, comandado por el príncipe Treka, tuvo que batirse en retirada, para llegar a rendirse y cambiar Animalia por la vida de Tigris. El reino se dividió en tres partes que se integraron en forma proporcional a cada uno de los gobernantes enemigos, de modo tal que el reino de Makeba se ensanchó más allá del horizonte que tenemos enfrente.

—¿Y eso cómo se relaciona conmigo? —inquirió Coco, con expresión de desconcierto.

Consejos

Para que alguien escuche,
hay que decirle las cosas
como las quiere oír.

R. H.

—Quien quiere todo, sin medida, puede quedarse sin nada —explicó el águila.

—Sólo debe retenerse lo que se puede cuidar —expresó la guacamaya con aire inteligente, pretendiendo impresionar a sus amigos.

—Eso mismo dijo el águila —acotó Firi, en franca confrontación con Nancy.

Draco optó por tomar el control y evitar el pleito que se veía venir entre las dos aves.

Siempre será mejor prescindir de lo que es superfluo, para asegurar lo que nos es importante.

—Ya en-ten-dí —repuso Coco, bastante fastidiado.

Era evidente que al impresionante cocodrilo empezaba a molestarle que hasta las frívolas aves intentaran lucir su inteligencia a costa suya.

—Cambiemos de tema —dijo Draco en forma tajante.

11. El búho sabio

El grupo, que se sintió regañado por el dragón, se sumió en el silencio. Nadie se atrevía a hablar. De pronto se escuchó un ruido extraño en la parte de atrás. Si bien buscaron de dónde provenía, no descubrieron nada extraño, esto es, no hasta que Draco preguntó por el búho.

La guacamaya, posada en la rama de un árbol —detrás de to-dos—, comentó con extrañeza:

—Estaba aquí, en la rama de al lado —al decir esto, paseó la vista por el suelo en tinieblas y con asombro exclamó—: se ca-yó, está sobre la hojarasca.

Aleteó cuatro veces y llegó junto a él al mismo tiempo que sus amigos, ya congregados a su alrededor. Todos excepto Draco, quien, por su gran tamaño, no cabía entre los árboles y perma-

La sabiduría

La auténtica sabiduría
se nutre del sentido común
y se manifiesta como la habilidad
de resolver los problemas
con soluciones sencillas y prácticas.

Cuanto más simple es una solución,
más fácil será llevarla a cabo.

Las mentes lúcidas y brillantes
acostumbran iniciar por buscar
soluciones sencillas.
Además, su sabiduría radica
en identificar las cosas obvias
que la mayoría de las personas
no puede ver.

R. H.

neció a unos cuantos metros del grupo, presa de la preocupación. El búho, conmocionado, yacía inerte.

Con cuidado, el orangután lo levantó y lo acunó en sus brazos. Nadie hablaba. Balanceándose al caminar, lo acercó al dragón y lo acomodó en la palma de su tosca mano. El ave se veía diminuta, ya que no excedía el tamaño de uno de sus tres regordetes dedos.

—¿Qué haremos? —preguntó ansiosamente Firi.

Mientras tanto, todos fijaban la mirada en las alturas, donde estaba la mano que sostenía al búho. Al ver sonreír a Draco, entendieron que la querida ave ya se había recuperado.

—¡Qué golpe me di! —se escuchó la vieja y cascada voz de su gran amigo.

—Ten cuidado —le recomendó Draco.

—Lo siento, me quedé dormido —respondió el búho.

Levantando el vuelo, se acomodó de nuevo en su rama y todos volvieron a su ubicación anterior.

—Un animal tan sabio como el búho no debería tener ningún motivo para irse de aquí —comentó en voz alta Nancy.

Pero el aludido repuso:

Soy un viejo desempleado. Estudiar mucho no me ayudó a salir de la pobreza. El resultado es que a mis años no tengo nada.

—Gozaste grandes oportunidades —replicó el águila—. Fuiste el tutor del rey Mako y pudiste serlo del pequeño Makeba IV. Incluso viviste en palacio.

—¿Por qué no llegaste a ser mi maestro, si lo fuiste de mi padre? —preguntó el cachorro.

El búho señaló:

Se trata de una triste historia. El orgullo exagerado y una falsa idea de dignidad me hicieron perder las mejores oportunidades de mi vida.

DISCIPLINA

En las organizaciones,
al igual que en las familias,
quienes gozan de la habilidad de atraer aliados,
clientes y la buena voluntad de los demás,
son altamente valorados
y ocupan posiciones de liderazgo…
formal o informal.

En sentido inverso,
quienes por su actitud agresiva
generan enemigos para la organización,
acaban por ser marginados.

R. H.

Ansiosos de escucharlo, todos se le acercaron.

El rey Makeba III, llamado "El Guerrero", me nombró tutor del príncipe Mako. Fue una importante distinción, pues significaba educar al siguiente rey de la selva. Mi influencia en la corte era alta. Vivía con comodidad y lujos.

Sin embargo, tiempo después, cuando el príncipe Mako, padre del cachorro aquí presente, ya era un león adolescente, llegó a la corte un halcón con grandes conocimientos matemáticos aprendidos en Egipto. Lo recomendaba el rey Nabor, amo y señor de las llanuras del río Nilo, primo de Makeba III.

Mi primera reacción fue de envidia al ver que le concedieron lujos mayores que los que yo tenía, no obstante que a mí también se me recompensaba con generosidad.

Un día, cegado por el rencor y por mi orgullo lastimado, me presenté ante el rey Makeba III y, seguro del afecto que por mí sentía el príncipe, exigí que despidieran al halcón… o yo renunciaría a mi cargo de tutor. Mi inexperiencia y soberbia me impidieron ver la afrenta que mi actitud significaba para el monarca. Como era de esperarse, obtuve mi merecido. El silencio real fue interpretado por el primer ministro como su aceptación de mi renuncia y delante de todos los presentes se me escoltó a la puerta, la cual nunca volví a cruzar.

Aun así, recibí un mensaje de Makeba III, en el que me invitaba a regresar a palacio a cambio de una simple disculpa. Pero mi orgullo insolente me impidió aceptar tan generosa oferta, sobre todo si tomamos en cuenta la gravedad de mi falta: había retado al soberano. No acepté la oportunidad y yo mismo me condené a vivir en la mediocridad. Muy tarde aprendí la lección, es decir, que el orgullo debe estimularnos a ser mejores, debe ser un factor de motivación… y nunca un obstáculo.

El búho calló y por un largo rato nadie se atrevió a romper la pesadez del silencio.

*La actitud soberbia
es uno de los ingredientes del fracaso.*

*El orgullo desmedido nos induce
a asumir actitudes irreflexivas
que nos impiden
aprovechar las oportunidades.*

*El éxito y la felicidad dependen
del control de nuestras emociones.*

*La humanidad está compuesta
por personas que controlan su vida
y otras que, cual hoja al viento,
se mueven hacia donde
las llevan las circunstancias.*

*Quien no controla sus sentimientos
no controla su vida.*

12. La desilusión de Nancy

Pasados unos momentos, el dragón tosió con disimulo para atraer la atención e invitó a Nancy a explicar sus motivos para realizar el viaje.

Con talante compungido, ésta expresó:

La soledad es una pesada carga. En mi juventud nunca me faltó compañía, pero en la vejez todos aquellos que alababan mi belleza se han alejado… me han cambiado por otras aves más jóvenes.

—Las malas compañías —insinuó el búho.

La guacamaya se mostró indignada:

Seducción

*Las tentaciones más peligrosas
siempre aparecen disfrazadas de ingenuidad
y su poder de seducción se manifiesta
en su capacidad de inspirar confianza.*

R. H.

—¡Yo no lo sabía! Todos son amables al principio o… cuando están en actitud de conquista.

—Uno escucha sólo lo que quiere escuchar y pone oídos sordos a lo que va en contra de lo que deseamos hacer —acotó con energía el águila.

—Cuántas veces te alerté con respecto a algunos de ellos —agregó Firi, la tímida flamingo, su compañera en una larga relación de acercamientos y desencuentros, que les hizo compartir casi toda su vida.

Una mirada furibunda que, si bien pretendió ser discreta, no pasó inadvertida para el grupo, fue la respuesta de Nancy para Firi. Dado su carácter, la flamingo esquivó el reclamo.

—¡Qué terrible historia la del vanidoso pavorreal! —se escuchó en la ronca voz de Coco.

—Qué hermoso era… —acertó a susurrar Firi.

—Pero se trataba del mismísimo demonio enfundado en un bello disfraz —comentó la zorra, fémina perspicaz y experimentada, que había permanecido callada.

—El pecado siempre llega en forma de tentación, seductor y en aparencia inofensivo —dijo don Gato, otro de los que se mostraban poco participativos.

—Él siempre te sedujo con alabanzas, con halagos a tu vanidad —señaló Firi.

—La vanidad nos vuelve vulnerables y manipulables —dijo el búho.

Nancy retomó la palabra:

Es cierto… si hubiese escuchado la voz de mi conciencia, seguro me habría dado cuenta de lo obvio, pero una frase que halaga la vanidad es más fuerte que cualquier razonamiento. Sin embargo, una nunca pierde la esperanza de encontrar al compa-

Sentimientos y razón

Sentimientos y razón
deben ir de la mano.

Los primeros dan sentido a nuestra vida…
nos permiten vivir con intensidad
relacionándonos emocionalmente con quienes nos rodean
y buscando significados para los acontecimientos de la vida.
Le dan calidad a los momentos que vivimos
y hacen que cada uno sea especial y único.

Sin embargo…
los sentimientos, sin el apoyo de la razón,
nos dejan indefensos y en posición vulnerable.
En contraste, la razón, cuando reprime los sentimientos
sin darles un espacio de libertad
y permiso de equivocarse,
nos condena a una vida gris y sin ilusiones.

La razón debe ser nuestro sistema de protección,
que nos dé la alerta en casos de peligro
y nos indique dónde está la salida de emergencia.
Por tanto…
la felicidad se alcanza cuando nuestros sentimientos
son tan espontáneos e intensos como los de un adolescente,
y nuestra razón cuenta con la malicia
propia de la edad madura.

R. H.

ñero de toda la vida… y en esa búsqueda es donde se cometen errores por la ilusión de haberlo encontrado. Sin embargo, hoy estoy convencida de que si existe alguien para mí, seguro que no está en esta selva… quizá me esté esperando en algún lugar lejano… muy lejano y desconocido…

Nancy dejó caer con lentitud la última frase mientras miraba fija y persuasivamente a Draco. Su intención no fue advertida por los demás, excepto por Firi y el destinatario.

Dicho esto, nadie se atrevió a expresar nada más.

El mensaje

*Por lo regular preferimos escuchar
sólo aquello que nos halaga
y nos hacemos sordos a las verdades incómodas.*

*Desconfiar de los halagos inmerecidos
y valorar los consejos de amigos confiables
nos hará mantener siempre los pies en la tierra
y nos protegerá de quienes pretenden
comprarnos con halagos
para obtener a cambio algo de nosotros.*

13. Una lección para Firi

—Amiga, tú también tienes tus historias —dijo Nancy a Firi, dejando en el aire la velada amenaza de descubrir un secreto—. Si hoy estás sola es porque tú lo provocaste.

Firi pareció disminuir de tamaño. Era como si quisiera esconder la cabeza debajo de sus lentas y bellas alas color salmón.

—Todos tenemos historias —apuntó el búho—. La vida se compone de aciertos y errores.

Era evidente que el experimentado y viejo animal se proponía disipar el conflicto que se vislumbraba entre las dos temperamentales féminas.

—No supiste… o no quisiste retener a quien más has amado —insistió Nancy.

La persona amada

*El amor
puede ser como un espejo de nosotros mismos
cuando pretendemos encontrar en la persona amada
las virtudes que hemos idealizado
y los sueños que aún no materializamos.*

*Cuando asignamos a nuestra pareja
los atributos y virtudes
que deseamos hallar en ella
y nos negamos
a verla como es en realidad,
vivimos la antítesis del amor
y nos ubicamos en el umbral de la frustración.*

*Amar a alguien implica aceptarlo tal como es,
con sus virtudes y defectos.*

R. H.

Sus comentarios provocaron a Firi, quien alegó, con resabios rencorosos:

—Pero él no se esforzó por permanecer conmigo.

—¿De quién hablan? —preguntó la zorra, curiosa, quien no conocía la historia.

Casi en un susurro y con la mirada distante, perdida en el horizonte, tan lejos como sus recuerdos, Firi le explicó:

Él era militar, de edad madura. Su destacamento se encontraba en el territorio que perteneció al rey Tigris. Acostumbraba pasar a mi lado sus días de descanso.Me prometió pedir su traslado a esta selva para que viviéramos juntos. Suponía que pronto se le asignaría el cargo de gobernador de esta región, por lo que dejaría el cuartel y llevaría una vida tradicional. Sin embargo, el rey Makeba III retrasaba su nombramiento año tras año. Yo le insistía en que le presentara su solicitud al monarca, pero él decía que si sus enemigos dentro del palacio conocieran sus deseos, intentarían bloquearlo. Por eso mantenía con discreción nuestro romance. Sentía que su posición en la corte lo volvía vulnerable y prefería que poco se supiera de su vida privada… incluso para protegerme a mí de las venganzas de sus enemigos.

—Te halagaba y cuidaba con un esmero desusual —indicó Nancy. Un tanto frustrada, Firi le respondió:

Es cierto, quizá me dio todo en forma tan excesiva, que al volverse algo cotidiano dejé de valorarlo.

—En el fondo de tu alma sentiste rencor por él —le reprochó Nancy. La flamingo reconoció:

Es que tardó demasiado para decidirse a presentarse ante el rey y exigir aquello por lo que se esforzara tanto. Cuando lo hizo, yo había perdido interés.

EL DICTADO DE LA RAZÓN

Los sentimientos por delante…
pero respaldados por la mente.

Los sentimientos son el eje
de nuestra vida emocional.
La mente es nuestra ancla
en el mundo real y cotidiano.

El equilibrio entre ambos
nos garantiza una vida plena
y de calidad emocional,
vivida con intensidad,
pero protegida por el sentido común.

R. H.

—No era un soldado cualquiera, sino un militar de carrera. Su rango lo hacía vulnerable y le exigía actuar con cautela —insistió Nancy, justificándolo—. Cuanto más alto subes, más compromisos adquieres y más vulnerable te vuelves.

Firi rebatió, con voz apenas audible, en un susurro escuchado sólo por quienes estaban a su lado:

Pero… ¿por qué dejó que se desvaneciera mi interés? Se lo advertí muchas veces.

—Toma en cuenta que te compensó ampliamente con amor, solidaridad, comprensión y un apoyo incondicional. En cambio, tu rencor opacó todo eso. No lo valoraste —Nancy parecía querer clavar una y otra vez la espina.

Firi se defendió:

No me dirías esto si pudieras imaginar lo que me lastimó esta espera en la sombra.

Draco, que solía mantenerse al margen, optó por intervenir:

Juzgar acerca de los sentimientos ajenos es difícil. Pero resulta evidente que hay un rencor muy profundo que te lastima y te impide poner en orden tus sentimientos relacionados con él.

A su vez, el águila le aconsejó:

Aunque no lo creas, perdonarlo te beneficiará. El perdón es la terapia más valiosa.

Así, la majestuosa ave aportaba una visión equilibrada, adquirida con el ejercicio cotidiano de una óptica relativista, propia de quien se ha acostumbrado a estar en las alturas y percibe

PREJUICIOS

Las personas evolucionan a lo largo de la vida
y, sin embargo, cuando las juzgamos
tendemos a etiquetarlas
de acuerdo con sus errores más significativos.
No nos percatamos
de que podrían haber evolucionado
y superado sus errores.

Si no les brindamos la oportunidad
de ser valoradas a partir de su realidad de hoy,
cometemos una injusticia.

R. H.

desde su justa dimensión las pequeñas cosas cotidianas que de cerca parecen descomunalmente importantes.

Draco insinuó:

Con seguridad aún tienes una razón de peso para quedarte aquí.

—Ármate de valor e intenta rescatar lo que queda de esa relación —le aconsejó doña Pata, mirando con ternura a su marido—. En ocasiones la felicidad, disfrazada de cotidianeidad, está tan cerca de nosotros que pasa inadvertida.

—Tendemos a suponer que la felicidad nos llegará envuelta para regalo. No imaginamos que tal vez las cosas valiosas que podrían hacernos felices siempre estuvieron cerca de nosotros —agregó la ardillita, práctica y realista, con la visión simplista de quien se ha acostumbrado al esfuerzo diario.

Firi guardó silencio y sus amigos decidieron dejarla reflexionar y poner en orden sus sentimientos.

En el otro extremo de su pedazo de selva, Coco —bromista por naturaleza— quiso atraer la atención al echarse un escandaloso chapuzón en el lago y salpicar a todos con finas gotas de lo que parecía rocío.

La zorra, con su perenne mal genio, le reclamó:

—¡Maldito bocón!

Pero, al percatarse de que sus compañeros la observaban con reprobación, en un esfuerzo por parecer simpática se retractó:

—¡Perdón!, pero es que ya me había bañado por la mañana.

Sin embargo, dado el nulo entusiasmo que despertó su negro sentido del humor, prefirió callar y acomodarse con discreción detrás del orangután.

Draco, en ejercicio de su indiscutible don de liderazgo, reasumió el rol de moderador de la improvisada sesión de reflexiones.

El mensaje

El rencor puede alejarnos
de las oportunidades,
así como de nuestros seres queridos.

Al juzgar a quienes amamos
los ponemos en la acera de enfrente
y nos alejamos de ellos.

Lo opuesto a juzgar es comprender,
lo cual significa solidaridad
y participación en la solución.

Al pretender lastimar a quienes nos hirieron
también nos dañamos a nosotros mismos.

El perdón es mucho más
que un acto de generosidad,
es una nueva oportunidad
que nos brindamos a nosotros mismos
para rescatar la paz y el equilibrio.

14. Don Gato y sus amigos

Don Gato, que era el vivo retrato de la inquietud, empezaba a aburrirse. Dinámico, parlanchín, bohemio y galante con las hembras, ya había visto pasar sus mejores épocas y vivía atrapado en los recuerdos de su juventud.

Apuesto, vanidoso y con grandes bigotes que resaltaban su personalidad, rengueaba un poco de la pata trasera izquierda. Para caminar usaba un bastón con mango de plata de recargado diseño con la cabeza estilizada de un felino parecido a él. Se lo robó a un conde borracho y pendenciero durante una riña de cantina, en la época en que su espíritu aventurero lo llevó a vivir en la ciudad —siguiendo los pasos de Micifuz, su amigo de la niñez—, en busca de las callejuelas del barrio bohemio, donde

135

Las opiniones

Las opiniones no solicitadas
por lo general crean conflictos.

Decir verdades a quien no solicita opiniones
resulta una intromisión en la vida privada
de la persona a quien queremos ayudar,
la cual pone en riesgo
nuestra relación con ella.

R. H.

abundaba la comida sobrante de restaurantes, bares, teatros y hasta prostíbulos.

—¿Te sucede algo? —le preguntó Pello al verlo incómodo.

—Es la maldita pata inútil que me molesta… está entumida por estar aquí tanto tiempo, inmóvil, escuchando historias triviales de hembras histéricas y sensibleras —respondió don Gato en voz baja, casi al oído de su amigo Pello, galán aún joven, pero tan osado como el felino.

El orangután rió ante la ocurrencia y, aunque intentó ser discreto, su voz era tan estentórea que todos se fijaron en él.

De pronto el dragón preguntó:

—Señor, ¿quisiera contarnos qué es lo que le divierte tanto?

Pello, tomado por sorpresa, se quedó pasmado y mudo. Don Gato, quien presumía de ser un caballero honorable y chapado a la antigua, con arrogancia tomó la palabra para salvar a su amigo del ridículo.

—Yo seré quien les cuente —anunció.

—Adelante, *monsieur* —concedió Draco, con una frialdad desusual que desconcertó a todos por igual.

Lo que nadie sabía es que su fino oído, de largo alcance, le permitió escuchar el altanero comentario de don Gato, que le pareció muy poco delicado y fuera de lugar.

Don Gato explicó en forma breve:

Comentaba que mi pierna lisiada me molesta cada vez más.

Sin embargo, Nancy, la experta en chismes y habladurías, que también gozaba de un agudo sentido del oído y logró percatarse del agrio comentario, aprovechó la ocasión para ridiculizarlo:

—Eso sucede por perseguir a las felinas sobre los tejados…

Don Gato, que suponía que casi nadie estaba enterado del asunto, respondió de inmediato:

LOS EXCESOS

Todo lo que obtenemos en exceso aburre,
incluso la felicidad y el dinero.

Por ello, no valoramos lo que tenemos
en tanto no lo referenciamos
con periodos de carencias.

Con sabiduría la naturaleza
creó las cuatro estaciones
para establecer el equilibrio
y romper la monotonía.

Cuando la vida sea generosa
y nos ofrezca algo en exceso,
administrémoslo.
Así compensaremos
las épocas de escasez y privaciones.

R. H.

Esta historia no es tan banal y frívola como usted expone, señora, es un asunto de honor…

Cuando era joven e impetuoso, partí a la ciudad en busca de aventuras. Fui el líder de la banda de gatos más prestigiada de la zona y, por qué no decirlo, un gato codiciado por las féminas. Cierta noche de verano, iniciamos nuestro recorrido para revisar los botes de basura en busca de las deliciosas viandas desechadas por los comensales de los restaurantes de la zona. En la azotea de un edificio descubrimos a unas felinas acorraladas por un intruso, fuereño, quien las hostigaba. Sus lamentos me instaron a subir a protegerlas, acompañado por dos amigos.

Mi adversario era un gato grande y corpulento, de raza desconocida. Al vernos no se amilanó, todo lo contrario, se me enfrentó. El resto de nuestra banda, suponiendo que se trataba de una operación de rescate rutinaria, continuó su trayecto por las puertas de servicio que tantos tesoros ofrecían.

Mayúscula fue nuestra sorpresa al descubrir a un contingente de por lo menos diez felinos que subían a rescatar a su líder. Yo los encaré, seguro de que mis compañeros me respaldarían. Pero, para mi desilusión, ellos huyeron asustados y las víctimas me desconocieron. Cuando menos lo esperaba fui lanzado por los aires y al caer me fracturé la pierna. Al dolor físico de la recuperación se sumó uno mayor, el de la decepción, no sólo por el abandono de aquellos a quienes consideraba mis amigos —a fin de cuentas su error fue reaccionar con cobardía, llevados por el miedo—, sino la traición de aquellas a quienes quise ayudar. A partir de ese día me volví egoísta e incapaz de brindar apoyo a alguien.

Después de escucharlo con atención, Draco expuso:

Es muy probable que a eso responda tu mal carácter. La enseñanza en tu caso es que es un error hacer algo sólo con el propósito de obtener el reconocimiento o agradecimiento de quienes resulten beneficiados con tus actos.

EL MENSAJE

*En la vida no debemos tener más guía
que lo que nos señala nuestra propia conciencia.*

*Supeditar nuestros actos y nuestra conducta
a la aprobación o el reconocimiento de los demás
nos hace perder el control del propio destino.*

*No esperar nada de los demás
nos hace fuertes.*

*Si nuestra ayuda es recompensada
con el agradecimiento,
disfrutémoslo,
pero no permitamos que éste se convierta
en el objetivo de nuestra actuación.*

15. La suerte

"¡Aaaaaaachíssss!" Todos los miembros del compacto grupo escucharon el estornudo, pero nadie aceptó ser el autor del mismo. Se observaron mutuamente, pero nadie parecía haber sido.

—Yo creo que fue don Pato o doña Pata —aventuró Nancy, la guacamaya.

—No fue ninguno de ellos —aclaró el búho, enfadado por la ligereza con que expresó su opinión—. Yo estoy lo suficientemente cerca como para asegurarlo.

Nadie quiso arriesgarse a quedar en ridículo al señalar a alguien sin tener la certeza de que así fuera.

Don Gato movió los bigotes como si husmease algo y exclamó:

—Hay un olor extraño que, sin embargo, me resulta familiar.

Trabajo y realización

El trabajo,
cuando adquiere un significado importante,
se convierte en un motivo para vivir.

El trabajo realizado con gusto
le otorga sentido a nuestra existencia
y deja huella en los seres humanos
con quienes convivimos.

El trabajo no es sólo
un medio de supervivencia,
es el medio que ennoblece
nuestra condición humana
cuando beneficia a la sociedad.

R. H.

Rengueando, caminó un par de metros hasta detenerse en un matorral. En forma trabajosa se inclinó y metió el brazo entre la hierba. Sacó un trofeo: un pequeño ratón, en extremo asustado y tembloroso, colgaba de la mano del felino, asido por la cola.

—¿Por qué nos espiabas, roedor inmundo? —reclamó don Gato, con lo que evidenció la rivalidad genética entre ambas especies animales.

—No me maltrates —suplicó el ratón—. Yo vivo debajo de este matorral. Estaba dormido cuando ustedes empezaron su reunión. Al despertar, no quise importunarlos y preferí esperar... Pensé que sería mejor salir de mi madriguera cuando ustedes se hubiesen retirado.

Don Gato, para no verse en problemas con sus compañeros, lo dejó a los pies de Draco. Las miradas reprobatorias que captó mientras regañaba al roedor le indicaron que era mejor llevar la fiesta en paz con éste.

—No quise espiarlos —insistió en disculparse el animal—. Mi madriguera está en ese matorral.

Draco prefirió minimizar el incidente, que logró distraer al grupo. Invitó al ratón a sentarse y éste se acomodó junto a don Pato y doña Pata. Quería sentirse seguro al tener como vecinos a la pareja de aves; además, así quedaba en el extremo opuesto del gato y cerca de su madriguera para huir en caso de peligro.

De cualquier forma, aún se le veía asustado.

—¡Que explique por qué nos espiaba! —exigió de nuevo don Gato.

Sintiéndose respaldado por el grupo, el ratón respondió con firmeza:

Es que salí a buscar comida para alimentar a mis pequeños... aunque, en realidad, no son hijos míos, sino de mi vecina, quien está enferma... y a ella la cuido también.

Nuestros problemas

Cuando participamos en la solución
de los problemas de los demás,
minimizamos los nuestros
y los resolvemos con mayor eficacia.

Entonces descubrimos
que los conflictos que enfrentamos
no son tan graves
y dejamos de temerles.

R. H.

Todos callaron. La ardilla — solidarizada con la desgracia de la mamá ratona—, se sintió conmovida e impresionada por la magnanimidad del jovencito.

—Eso indica que tu corazón es generoso —le dijo.

—Eso se llama estupidez… es de tontos cargar con los problemas ajenos cuando bastante hace uno ya con sobrellevar los propios —apuntó la hiena, sentada en el otro extremo.

Temeroso de contradecir a una persona mayor, como se veía la hiena —cuyo pelambre ya entremezclaba canas—, el ratón respondió con voz trémula:

Hacer el bien trae buena suerte, señora.

—Es correcto lo que dices —aprobó el búho—. Uno siempre recibe con creces lo que da, parece ser una ley de la vida…

Pero no logró terminar de exponer su parecer por la interrupción de Firi:

—Es asombrosa la profundidad de tus palabras.

Eso solía decirme mi mamá y creo que tenía razón… yo he recibido mucho y por eso me siento comprometido a ayudar a quien me necesite.

—Me gustaría colaborar contigo —ofreció la ardilla—. Te acompañaré a buscar comida, pero antes quisiera conocer a la mamá ratona… estoy segura de que podré serle útil.

Contento, el ratoncito aceptó y se despidió de todos. Después, ambos roedores se encaminaron a la madriguera.

EL MENSAJE

Hacer el bien trae buena suerte.

*El mundo se mueve impulsado
por un principio natural de orden y justicia
que compensa y da significado
a nuestras acciones.*

*La generosidad propicia
un entorno de buena voluntad
que estimula a quienes nos rodean
a mostrar su mejor actitud
hacia nosotros.*

16. El poder de un sueño

—La vida no tiene sentido —se desahogó Firi—-. Al fin y al cabo somos víctimas de nuestro destino… ¿para qué esforzarnos para conseguir cualquier cosa?

—Es cierto, lo mejor es ser realistas —la secundó Nancy— y aceptar nuestras limitaciones. Somos un par de féminas viejas que ya no deben esperar nada de la vida.

Al decir esto último fijó la vista en Firi, quien desvió la mirada, al parecer turbada por el comentario.

—La vida no tiene sentido si no responde a un sueño —opinó el águila.

—Los que sueñan son los inmaduros —rebatió la zorra—. La vida acaba por imponer su realidad. Como ya sabrán, la ex-

Destino

Los acontecimientos de nuestra vida
no son ni buenos ni malos.
Son simples hechos
que llegan a pesar
cuando, después de evaluarlos,
les damos significado.

Nada es casual
y lo que sucede adquiere sentido
al llamarlo destino.

La actitud con la que afrontamos
nuestro destino
define nuestra capacidad
de colocarnos por encima de él
o convertirnos en sus víctimas.

R. H.

periencia demuestra que no vale la pena ilusionarse por nada porque luego se sufre de no obtenerlo.

—Ésa me parece una actitud cobarde —le reprochó el águila—; lo que le da sentido a la vida es lo que hagamos con ella. Si por temor no nos atrevemos a salir de nuestra zona de confort, nos condenamos a una vida vacía. Los retos que nos imponemos son nuestros constantes motivadores.

—Sin embargo, es importante no confundir realismo con pesimismo —precisó el búho.

Hasta entonces había permanecido callado, pues, mientras todos discutían, él aprovechó para dormitar un poco. Aferrado a la rama de un árbol, mantenía el equilibrio de forma prodigiosa.

—En eso tienes razón —coincidió el águila—. Los pesimistas justifican su falta de valor disfrazando su cobardía con el velo del realismo; después culpan al destino de no haber podido lograr lo que en lo más profundo de su corazón deseaban.

—Pero, en realidad ¿qué es el pesimismo? Y ¿qué es el optimismo? —preguntó Firi, con tono reflexivo.

Con su estilo docto, de animal experimentado, el búho decidió ser quien contestara:

Son actitudes ante la vida. Nada es bueno o malo en este mundo. Lo que establece la diferencia es nuestra percepción, nuestra interpretación de las cosas. Los optimistas ven oportunidades en todo lo que se les presenta, en tanto que para los pesimistas sólo hay problemas y riesgos.

No bien había terminado de hablar el búho, el águila pronunció un monólogo:

Por alguna extraña razón se vuelven realidad no sólo las cosas que deseamos, sino también aquellas que tememos con tintes obsesivos. Pareciera que inconscientemente nos programamos para

Vida

*Es difícil entender la vida
cuando estamos rodeados de tanta desgracia.*

*Sin embargo, hay un Dios, lleno de bondad.
Cuesta trabajo comprender algo tan incongruente.*

*Sólo lo logramos con los ojos de la fe,
si aceptamos que hay vidas diferentes,
si aceptamos que en cada una cometemos errores
y al pagar por ellos nos ganamos
una mejor oportunidad,
así como las condiciones para ser mejores personas
en la siguiente que nos toque vivir.*

*Ésta es la única forma en que entiendo
que tanta injusticia a mi alrededor
tenga sentido a los ojos
de nuestro Dios amoroso y perfecto.*

*Quizá todos nos encontremos hoy
en niveles distintos de perfeccionamiento,
purificando nuestro espíritu en esta vida…
evolucionando y esperando el momento
de merecer estar cerca del Dios perfecto
que nos creó a su imagen y semejanza.*

R.H.

*que todas nuestras pequeñas acciones cotidianas se alineen en
favor de nuestros planes.*

—Pero, vamos a ver, ¿qué sueños puedo tener yo, atado a este
lago y a este cuerpo obeso que me limita eternamente? —se lamentó Coco.

—Siiií… ¿Qué oportunidades hay aquí? —cuestionó Pello.

En ese momento intervino Draco y encaró al grupo de quejosos derrotados.

Los grandes retos de la vida se relacionan con lo que somos y
con nuestro entorno. ¿Acaso alguien aquí no alberga un sueño
que le alimente de optimismo cada día?

—Yo sí —se escuchó exclamar a la ardilla.

Todos se volvieron hacia la parte de atrás, de donde saliera la
voz impregnada de optimismo y orgullo.

—¿Qué, no fuiste a ayudar al ratón? —espetó don Gato, con
malicia.

—Le ayudé y ya estoy de vuelta —respondió animosa.

Luego de tomar aire para equilibrar la respiración, continuó
su exposición:

*Cada mañana despierto imaginando que formo parte de una
gran familia: estoy rodeada de mi marido, mis hijos, nueras y
nietos, en una bella casa llena de flores y plantas.*

—Pero tus hijos son apenas bebés y te hacen trabajar de sol a
sol —protestó Nancy.

La ardilla, sin contestarle, prosiguió:

*Es justo ese sueño el que me alimenta cada día y me da la energía
para trabajar sin descanso.*

LOS PARADIGMAS

A veces nos derrotamos antes de emprender un reto
porque dependemos de la opinión ajena
que nos condiciona con la experiencia de otros
o porque tememos al fracaso.
Quien no se arriesga, no se equivoca.

Equivocarse es un privilegio humano
que da valor al reto de intentar
imponer el propio estilo
y superar a los demás.

El común de las personas evita el riesgo
porque es más cómodo seguir el camino de los visionarios.
El reto es…
pasar por la vida
siguiendo el camino abierto por otros
o crear un nuevo camino,
por el que pasarán los demás.

Ésta es la diferencia
entre vivir
como un viento ligero
que desaparece sin dejar huella,
o como un vendaval
que deja signos de su paso.

R. H.

Su sencillez dejó mudo al grupo, el cual respetaba a esa figura menuda, de gran corazón, sensible y afectuosa, pero sostenida por un espíritu fuerte como una roca.

A manera de conclusión, el dragón expresó:

Los sueños no tienen tamaño. De hecho, su grandeza no reside en lo ambicioso de los planes que entrañan, sino en su significado para nosotros y su capacidad para modificar nuestras vidas, llenándolas de bendiciones y satisfacciones. En pocas palabras, los sueños son algo muy personal e íntimo.

El mensaje

El poder de un sueño es ilimitado.

Por lo general nuestros sueños,
de cualquier tipo,
se vuelven realidad.

El optimismo es el alimento de los sueños
que albergamos y el pesimismo, su mayor enemigo.

El pesimista siempre piensa
que es realista
en la valoración de las posibilidades
y se da por derrotado antes de intentar nada.

17. La noche del orangután

—¡Ay!… ¡Ay! [gritos de dolor]

—Shtttttt… [susurro]

Intrigados, todos miraron hacia donde se originó el lamento. Ahí, en la penumbra, se encontraba Pello de espaldas, pero encorvado y asido de la rama de un arbusto. A su lado, Coco, su compinche, se turbó al ver que habían sorprendido a su amigo en una posición tan extraña.

—Está vomitando —explicó el cocodrilo, intentando minimizar el hecho.

—¿Se siente muy enfermo? —preguntó Draco.

Seguido por los ojos del grupo, el joven dragón caminó hacia donde se hallaban ambos.

LOS HÁBITOS

*La gente de éxito
es la gente de hábitos.*

Proverbio popular

—Ha comido plátanos desde que empezamos esta reunión —aclaró Coco—. Trajo una penca y la escondió en estos arbustos para venir a tomarlos uno por uno, sin que nadie se diera cuenta.

Con la robusta cola, Coco movió el matorral y dejó al descubierto la causa del desaguisado.

—Es un goloso —chilló la guacamaya—. Bien se lo merece.

—Es muy desordenado en todos sus asuntos —señaló el búho—. No come en las horas predeterminadas, duerme poco y cuando se le viene en gana. Se comporta como simio adolescente y ahora está pagando el precio de la falta de hábitos saludables.

—Los hábitos son la base de una vida ordenada —acotó el águila.

—¡PPPRRRRRRR!… ¡PPPRRRRRR!…

El estruendo retumbó en la selva, como si un cañón hubiese lanzado un obús.

Una carcajada general siguió al escándalo causado por Pello, quien, avergonzado, prefirió huir y adentrarse en la selva con paso tambaleante.

—Espera… te acompaño…

Solidario con la pena de su amigo, Coco intentó seguirlo, pero la lentitud de respuesta de su pesada mole de carne le impidió correr tras él.

Rengueando y apoyado en su bastón, que le servía para abrirse paso entre los arbustos, don Gato apuró el paso y exclamó:

—¡Espérame!… te acompañaré.

El incidente relajó el ambiente y ya todos cuchicheaban entre sí. Draco se propuso imponer orden, para lo cual los invitó a volver a su lugar a la orilla del lago. Ahí, la fresca brisa aliviaba el pesado calor de esa noche de verano.

—La disciplina es una basura… hay que vivir en libertad y hacer lo que nos plazca cuando nos plazca —refunfuñó la zorra, mientras se sentaba sobre un tronco.

—No estoy de acuerdo contigo —replicó Firi.

Disciplina y hábitos

*Buscamos la perfección
a través de los hábitos y la disciplina.*

*Con seguridad, dicha perfección
es inalcanzable.
Sin embargo, constituye
una aspiración humana
que nos impulsa a evolucionar
y ser mejores.*

R. H.

Zorry le lanzó una mirada furibunda, pues no estaba acostumbrada a que la contradijeran.

Con ánimo de lucirse ante el grupo, Firi continuó:

La etapa difícil de un proceso de disciplina es el inicio; más adelante todo es más fácil. Por ejemplo, comenzar una dieta para reducir unos kilos es un suplicio. Los primeros días el hambre nos atormenta sin piedad, pero luego el cuerpo se acostumbra y ya no implica ningún sacrificio.

Temiendo que el tema diese la pauta a una agria discusión entre Zorry y Firi, Draco intervino:

Es cierto. Los hábitos realizan el milagro de facilitar lo que nos es difícil realizar. Al principio es necesario esforzarnos por imponernos disciplina, aunque después nos acostumbramos

Los hábitos son parte esencial de nuestra vida pues, si bien los hay negativos —como son los que nos esclavizan y condenan a seguir haciendo aquello que nos daña—, también los hay positivos —que nos ayudan a poner orden y asumir el control de nuestra vida—.

La sabiduría reside en diferenciar ambos y sustituir aquellos que significan un perjuicio. El resultado favorable o desfavorable al que nos conducen nuestros hábitos lo descubriremos con los años, cuando la edad nos vuelve vunerables.

El mensaje

*La gente que obtiene el éxito
administra su vida por medio de hábitos.*

*Los hábitos son la base
del perfeccionamiento.*

*Los hábitos nos condicionan
para que aquello que se nos dificulta
podamos hacerlo de un modo fácil y mecánico.*

18. El príncipe

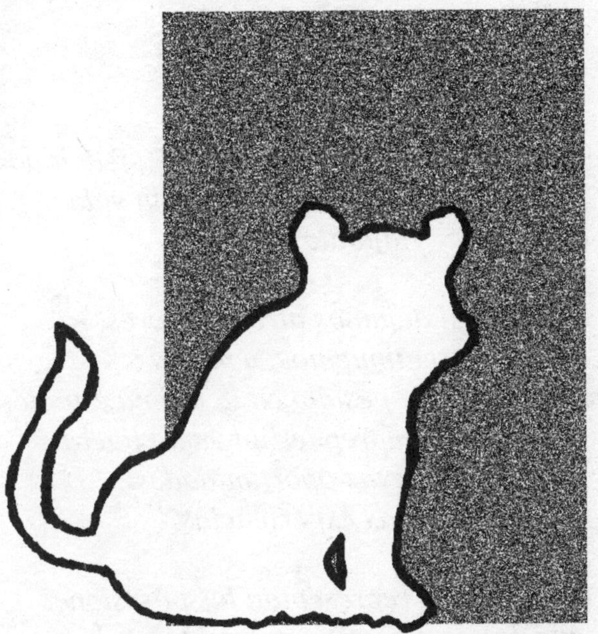

—¿Por qué quieres dejar esta selva, donde un día serás rey? —le preguntó Draco al tímido Makeba.

El cuestionamiento tomó por sorpresa al cachorro de león.

—Tu destino es gobernar esta selva con sabiduría —indicó el águila, buscando motivarlo a expresarse.

Ante la insistencia, el cachorro señaló:

No sé si podré. No soy fuerte como mis hermanos… no seré capaz de inspirar miedo como mi padre y mi abuelo.

—Ésa no es la mejor forma de gobernar. El temor no debe ser la vía para inspirar respeto, puesto que si un día quienes te rodean

Vuelo ligero

*La libertad es fundamental para la felicidad
y se alcanza al transitar por la vida
viajando ligero.*

*Sólo si dejamos atrás rencores,
resentimientos, temores
y todo el equipaje pesado en la última estación,
podremos emprender un vuelo ligero
hacia nuevas oportunidades…
nuevas experiencias.*

*El lastre que representan las posesiones
que nos esclavizan nos impide también
emprender un vuelo ligero.*

*Tomemos únicamente lo esencial y valioso
y transitemos por la vida
con entera libertad.
Entonces descubriremos
la auténtica felicidad.*

R. H.

te perciben vulnerable, se rebelarán y te destrozarán con saña
—replicó el águila.

El dragón abundó:

En Utopía los gobernantes ejercen autoridad y no poder. El anciano dragón contaba que los gobernantes eran queridos, admi-
rados y respetados... nunca temidos.

—Créeme, si tú aprendes a ejercer autoridad, serás el mejor gobernante que haya tenido esta selva en toda su historia —reforzó
el águila, al percibir el creciente interés que Makeba prestaba a
sus palabras.

El príncipe, emocionado por lo que escuchaba, tartamudeó:

*¿Cu... cuál es el secreto de la autoridad? Ustedes, que parecen
expertos en el asunto, pueden ser mis mejores guías.*

Aprovechando la sed de saber de Makeba, Draco le transmitió
un consejo clave:

Servir al prójimo... servir a tus súbditos... servir a tu pueblo.

Decepcionado, el leoncito adujo:

*Pero... servir no es el papel de un rey; todo lo contrario, un
gobernante nace para que le sirvan. Al menos, eso fue a lo que
a mí me enseñaron.*

Ante sus dudas, Draco ofreció una clara explicación:

Depende lo que entiendas por servir. Cuando un gobernante
guía con sabiduría, lo que hace es servir a su pueblo. También
le sirve al protegerlo de peligros e impartir justicia. Servir es un

Autoridad y poder

Autoridad no es lo mismo que poder…

La autoridad se nutre del ejemplo
y el poder de la imposición.

La autoridad se limita
a la vigilancia de las normas
aceptadas por la sociedad
mediante sus instituciones.
La autoridad está respaldada
por la sociedad.

El poder es ilimitado
y responde a los caprichos
y ambiciones de los individuos
que lo detentan.

La autoridad constituye un servicio
que se ejerce en beneficio de la sociedad.
El poder se deriva
de la búsqueda de un beneficio personal.

La autoridad goza de un respaldo moral.
El poder sobrevive mientras llega
alguien más fuerte a disputar el control.

R. H.

acto de generosidad y amor al prójimo. Y es muy diferente del servilismo, que representa la degradación de la actitud de servicio e implica sumisión y falta de dignidad.

Cuando tú ayudas a alguien, lo comprometes y te ganas su lealtad y respeto; aún más, se vuelve dependiente de ti, momento en el que adquieres autoridad. Es como un intercambio…

Hay una diferencia importante entre autoridad y poder. En tanto este último se sustenta en la imposición —lo cual significa que siempre deberás estar alerta y cuidarte de la venganza de tus súbditos—, la primera se obtiene cuando tus súbditos, por deseo propio, te reconocen como su guía y se sujetan a tus indicaciones u órdenes. Entonces, ellos serán quienes se encarguen de cuidarte y protegerte, porque te necesitan.

El águila reforzó:

Sé útil, haz que te necesiten y verás que te serán fieles y leales. Así, no sólo no querrán que les gobierne nadie más, sino que actuarán como un escudo contra tus enemigos… ése es el gran secreto.

Ante tan sabios consejos, el príncipe heredero se transformó, imbuido en una nube de optimismo. Su actitud entera era otra. Por primera vez se le vio erguido, con semblante confiado y seguro de sí.

En ese instante Draco percibió que el grupo se distrajo, tal vez porque el tema le era ajeno, ya que sus integrantes nunca gobernarían la selva. Decidido a que se involucraran también en un asunto de tan gran relevancia, levantó la voz y les preguntó:

¿Qué piensan ustedes de la autoridad? ¿Saben cómo aplicarla en la vida cotidiana?

El grupo pareció no entender el mensaje del joven dragón.

Decálogo del líder

1. *Ser el primero en afrontar riesgos*

2. *Ser el último en ponerse a salvo del peligro*

3. *Mantenerse firme cuando hay crisis a su alrededor*

4. *Sustentar su influencia en la persuasión*

5. *Ser el promotor de la innovación y el desarrollo*

6. *Aceptar la responsabilidad de ser guardián de los valores
y normas de la institución que preside*

7. *Asumir la responsabilidad de tomar decisiones por otros*

8. *Aceptar el compromiso de servir como modelo y guía,
mantieniendo incuestionables su vida pública y su vida
privada*

9. *Ser congruente en lo que se refiere a sus ideas
y su conducta personal*

10. *Nunca afrontar un reto que no sea viable y realizable…
el fracaso está plagado de utopías*

R. H.

—El consejo que le dimos a Makeba también es aplicable para cada uno de ustedes —añadió el águila.

—Nosotros nunca tendremos súbditos —respingó la zorra.

Draco, comprendiendo su punto de vista, ahondó en el asunto:

Pero esa actitud de servicio es aplicable en lo que se refiere a la familia, los amigos y todos los seres cercanos a nosotros. Siempre será preferible buscar el respeto de los hijos sirviéndoles, que imponiendo órdenes. Lo mismo aplica con amigos y compañeros. Háganse indispensables y siempre serán respetados. De tal manera lograrán ejercer el liderazgo.

Los animales se quedaron pensativos. Habían comprendido cuán esencial es aprender a vivir para servir.

EL MENSAJE

*El liderazgo no se arrebata…
¡se gana!*

*Al hacernos necesarios
adquirimos autoridad,
y, por medio de ella,
el auténtico liderazgo.*

168

19. La despedida

Después de que todos compartieron sus motivos para querer huir de su diaria monotonía, Draco tomó la palabra. Lo hizo en forma pausada, pues quería transmitir su mensaje con certeza y claridad.

Expectante, su auditorio guardó la calma, sin atreverse a romper el equilibrio del entorno.

El dragón recorrió con la mirada al grupo y al final tomó una bocanada de aire fresco de esa templada noche de verano que amenazaba culminar con una tormenta tropical.

Su voz sonora viajó cobijada por la fresca brisa que empezaba a flotar a su alrededor.

La educación

El castigo no siempre educa…

Cuando descargamos nuestra ira
en quien educamos,
realizamos una agresión
que lastima y genera rencores.

El castigo que educa
es el que hace sufrir a quien lo aplica
y lo lleva a compartir el dolor de quien lo recibe.

El castigo, para que eduque,
debe tener el mismo significado
para las dos personas involucradas:
en quien lo sufre,
el deseo de renunciar
a repetir el mismo error.
En quien lo aplica,
la conciencia de que se actúa con justicia,
en beneficio del educando.

R. H.

Las historias son variadas, pero en el fondo todas se parecen. La insatisfacción es el común denominador de todas estas vidas, así como la esperanza de que algo o alguien llegue a cambiarlas. Sin embargo, el lugar en el que nos encontremos no cambiará nuestra vida pues, por lo general, transportamos nuestro mundo interior a donde vamos… y luego lo trasplantamos en nuestro nuevo hogar, con todas sus virtudes, pero también con viejos vicios y malos hábitos.

En ocasiones pretendemos alcanzar la felicidad colgándonos de otras personas a quienes creemos que amamos, cuando en realidad sólo las consideramos como un medio para evadir la desesperanza.

Firi y Nancy nos han hablado de su búsqueda de la felicidad por medio de la relación de pareja.

Coco busca nuevos ambientes para su sobrevivencia.

Zorry quisiera empezar una nueva vida con nuevos amigos.

Don Pato y doña Pata piensan que un nuevo ambiente estimulará y enriquecerá su vida en común, o sea, su vida de pareja.

En esencia, todos buscan la felicidad, con la ilusión de gozar nuevas oportunidades que suponen hallarán en nuevos ambientes o en relación con nuevas personas.

Pero otros de ustedes —como la ardilllita— saben que la felicidad se encuentra aquí, muy cerca de nosotros, personificada por la satisfacción de ser útiles a aquellos en una posición vulnerable, como sus pequeños hijos, o quizá por quienes padecen problemas o han gozado de menos suerte que nosotros.

No toman en cuenta que el mundo vive en nuestro interior. El mundo no es bueno ni malo; más bien, nosotros lo interpretamos y le otorgamos un significado; de esa forma vivimos nuestra relación con él y con lo que nos rodea.

Utopía es el mundo de quienes ahí viven porque el destino determinó que ahí debían nacer. Sin embargo, para alcanzar la felicidad, debemos construir nuestra propia Utopía dentro de nosotros mismos.

A veces nos quejamos de nuestra vida simplemente por hábito o costumbre y, después de una leve reflexión, reconocemos que, a final de cuentas, estamos en el lugar correcto, como suce-

Infinito

El valor de las cosas
no radica en el tiempo que duran,
sino en la intensidad con que suceden.

Por eso existen momentos inolvidables,
cosas inexplicables
y personas incomparables.

Proverbio popular

dió con el águila, el búho y don Gato, quienes, de manera irreflexiva, se dejaron llevar por el entusiasmo y se sumaron al viaje.

Otros, como la hiena, el orangután y el pequeño cachorro Makeba, han reflexionado y reconocen que muchos motivos justifican el esfuerzo de luchar aquí mismo contra las barreras que su propio carácter y temperamento les imponen. Por consiguiente, deciden asumir el reto de derribarlas.

Les propongo que cada uno se brinde una nueva oportunidad de reconstruir su vida aquí, al cambiar su mundo interior.

Yo viajaré solo, aunque llevaré en mi mundo interior el recuerdo de cada uno de ustedes… y volveré exactamente en un año. Nos reuniremos aquí, alrededor del lago, en una noche como ésta. Entonces, quienes, después de reencontrarse con su propia vida, necesiten un cambio de mundo exterior, regresarán conmigo a Utopía. Es una promesa.

La zorra, con voz tímida y pretendiendo no parecer abusiva, propuso:

¿No me dejarías ir contigo? Soy una zorra madura, equilibrada, que necesita nuevas oportunidades, de las cuales estoy segura dispondré en Utopía.

El búho, con su característica inteligencia y su voz profunda, misma que inspiraba autoridad, opinó:

—Zorry, las palabras de Draco son sabias. Acepta su propuesta como nosotros, tus amigos, la aceptamos. Verdad, ¿compañeros?

—¡Sí! —contestaron los demás al unísono.

Luego de un breve silencio colmado de emotividad, se escuchó un llanto entrecortado y suave.

Se trataba de Firi, quien atrajo las miradas del grupo. La flamingo, al sentirse descubierta, explicó:

Las despedidas

Cada despedida es una pequeña pérdida…
cuando va acompañada del olvido.

Cuando decimos adiós
simplemente abrimos un paréntesis,
pues mientras los ausentes estén vivos en el recuerdo,
seguirán formando parte de nuestro mundo
y los llevaremos a donde vayamos,
sin importar si no los volvemos a ver.

La despedida final
llega con el olvido,
esto es, cuando se cierra la puerta
que nos comunicaba con quienes se han marchado
o de quienes nos hemos alejado,
ya sea por nuestra voluntad
o por decisión del destino.

R. H.

Muchos sollozaron de manera reprimida, llevados por la tristeza que despertaba la anunciada despedida.

Draco no pudo sustraerse a los sentimientos que flotaban en el ambiente. Al percatarse de que una pesada lágrima que resbalara por su mejilla reventó en una roca ubicada junto a su pata derecha y provocó una sorda explosión, intentó ocultarse de los demás. Notoriamente afectado por la emoción, dio media vuelta y caminó hacia el lago en silencio. Todos lo siguieron con la mirada. El dragón inició una pesada carrera mientras extendía las alas que se agitaban contra el viento. Justo al llegar a la orilla del lago, emprendió el vuelo.

Durante unos segundos sobrevoló el plato lacustre. Su figura apareció recortada sobre una luna plateada que en momentos se veía manchada por las nubes grises que presagiaban la inminente tormenta.

Planeando, Draco regresó hacia donde estaban sus amigos. A gran velocidad pasó a sólo unos cuantos metros por encima de ellos, para escuchar sus últimas frases de despedida:

—¡Adiós! ¡Y buena suerte! —gritó uno.

—¡Cuídate, Draco! —exclamó otro.

—¡Buen viaje, amigo! —fue el deseo del águila.

—Te amo, dragoncito —musitó Firi.

Así, cada uno de ellos despidió a quien con gran cariño les dejó un legado de esperanza.

El mensaje

Cuenta la mitología china la historia de un dragón, quien,
de tanto ver a la luna reflejada en el lago,
se enamoró de ella y decidió volar para encontrarla.

Sin embargo, sus amigos quisieron compartir
con él la aventura.
Por darles gusto aceptó llevarlos sobre sus alas,
pero el peso de sus compañeros de viaje era tal,
que se enfiló hacia el lago y se perdió en sus profundidades.

Nosotros somos ese dragón que, ante los espejismos
de un nuevo ambiente visualizado de modo seductor,
pretendemos emprender el vuelo,
sin darnos cuenta de que el pesado equipaje
compuesto por actitudes negativas y malos hábitos
no nos dejará llegar a ningún destino.

Desconfiemos de los espejismos y si descubrimos
una nueva oportunidad de vida, antes de emprender el vuelo
revisemos nuestro equipaje,
para desechar aquello que represente un lastre
que pueda impedirnos llegar a nuestro destino.

Epílogo
El miedo a la libertad

◆ *La felicidad es la mayor aspiración de los seres humanos.*

◆ *La felicidad es un estado de ánimo permanente…en contraste con la alegría, que es una sensación momentánea.*

◆ *La libertad puede ser física y significa poder actuar como nos plazca. Pero ésa no es la forma más importante de ser libre.*

◆ *Podemos ser libres para actuar, pero, a la vez, depender de nuestro entorno y nuestras circunstancias, vivir encadenados a lo que nos rodea por lazos invisibles, o, incluso, ser esclavos de nuestras emociones, instintos y deseos. De ser así, no es posible que vivamos felices.*

◆ *Podemos tener riquezas y poder y, al mismo tiempo, ser por completo infelices, viviendo esclavizados a nuestros temores de perder algo. En cambio, es posible no poseer nada y vivir en libertad.*

◆ *La libertad física absoluta es imposible, pues siempre estaremos condicionados por limitaciones materiales del entorno. En cambio, podemos vivir en libertad absoluta en nuestro mundo interior, donde sólo gobierna nuestra voluntad.*

◆ *La peor esclavitud es la que concierne a nuestros sentimientos, deseos y temores.*

- *Quien se aferra a sus deseos se vuelve esclavo de ellos. Quien se esclaviza a sus emociones y no las controla, se convierte en un ser por completo vulnerable y manipulable por quienes son capaces de dominar sus sentimientos.*

- *En cambio, cuando aceptamos la posibilidad de perder todo y quedarnos sin lo que más valoramos, adquirimos lo más importante: ¡la libertad! Y, al vivirla con intensidad, alcanzamos el estado perfecto por excelencia: la felicidad. En efecto, la felicidad y la libertad espiritual y emocional van de la mano.*

- *Quien renuncia a todo en el aspecto emocional y no tiene nada que perder… no tiene ya nada que temer.*

- *Renunciar a lo que más valoramos, en lo material y lo emocional, no significa desprendernos de ello en forma absoluta, sino aceptar que algún día podremos llegar a perderlo en realidad. Y es que nunca fue nuestro, sino que nos fue prestado para disfrutarlo. Cuando perdemos el miedo a prescindir de algo —y aceptamos de modo consciente la renuncia a todo lo que valoramos— podemos disfrutarlo con mayor intensidad.*

- *Al renunciar a todo lo material que poseemos, seremos libres. Al controlar y doblegar nuestros deseos, emociones y temores, alcanzaremos la felicidad.*

Conclusiones

A lo largo de las fábulas incluidas en este libro, las palabras de cada uno de los personajes que intervienen nos permitieron descubrir las variadas formas que asume el conflicto de la pérdida y su impacto en la felicidad.

Todos nos sentimos desdichados a veces, en especial cuando no entendemos lo que nos sucede. No podremos iniciarnos en el camino hacia la felicidad en tanto no aprendamos a diferenciar —por ejemplo— entre lo que es ésta y lo que es la alegría.

Hay miles de definiciones de felicidad. Por lo regular, cada persona tiene la suya. Sin embargo, sin recurrir a definiciones academicistas y mediante el uso del sentido común, podemos aproximarnos a la comprensión de este mito. Veamos.

Quienes menos poseen suelen tener más oportunidades de ser felices. Nuestros bienes nos esclavizan porque nos obligan a retenerlos, muchas veces con actitud obsesiva. Si la libertad significa no depender de nada y de nadie, peor es esclavizarnos por voluntad propia frente a lo que poseemos.

De ningún modo sugerimos como actitud ideal desprendernos físicamente de nuestros bienes, sino sólo dejar de depender de ellos en el aspecto emocional. Nuestras propiedades deben facilitarnos la vida y darnos comodidades, pero no al precio de robarnos la tranquilidad.

Hace ya miles de años el filósofo griego Platón se preguntaba quién dependía de quién… ¿el esclavo del amo o el amo del esclavo? Pues bien, quien posee algo valioso se esclaviza a ello al intentar preservarlo de manera indefinida.

Resulta fundamental entender, en primer lugar, que la felicidad es equilibrio y que éste está influido por una actitud de aceptación ante la vida. Aceptar lo inevitable disminuye el impacto negativo de las pérdidas que se presentan a lo largo de la vida.

La felicidad se manifiesta en un estado de ánimo estable caracterizado por la paz interior, ésa que sólo pueden alcanzar los espíritus libres. En contraste, la alegría es un estado de ánimo pasajero, circunstancial, provocado por situaciones o recursos externos (buscados o fortuitos) que estimulan nuestras emociones.

En tanto no nos preparemos para aceptar nuestras pérdidas, viviremos esclavizados por el temor a que éstas ocurran. La dimensión de la pérdida se relaciona con el significado o valoración que damos al objeto o sujeto. Sin embargo, muchas veces la misma falta de éste magnifica su significado y su valor. Objetos cotidianos olvidados por nosotros cobran relevancia a partir del momento en que nos percatamos de la pérdida y ésta nos disgusta. Esto no sucedería si hubiésemos tomado la iniciativa de regalarlo o desecharlo, lo cual demuestra la subjetividad de la situación.

Por último, tomaremos control de nuestra vida a partir del momento en que asumamos una actitud de desprendimiento, sin que ello signifique renunciar a la legítima propiedad de nuestros bienes. Más bien, disfrutemos de ellos como si fuesen prestados y con conciencia de que en cualquier momento podríamos vernos obligados a devolverlos. Ser capaces de renunciar y aceptar la pérdida puede significar recorrer el camino hacia la felicidad.

Si este libro logra ayudarle a reflexionar —en busca del equilibrio emocional— con miras a lograr una vida plena… habrá logrado su objetivo.

Desprendernos... a tiempo

*La decisión más difícil en la vida es desprendernos
en el momento oportuno de lo que no podemos retener.*

*Desprendernos significa soltar
y vencer nuestro instinto de posesión.*

*Cuando soltamos a tiempo, decidimos qué y cómo.
Tomamos fuerzas para retener y cuidar lo valioso que nos queda.*

*Cuando no soltamos por propia voluntad y a tiempo,
corremos el riesgo de perder lo más valioso,
pues las circunstancias asumirán el control de nuestra vida.*

*Si un barco es sorprendido en altamar por una tormenta,
el capitán ordena soltar la carga menos valiosa
y, al hacerlo, protege y garantiza
la vida de los tripulantes, la supervivencia del barco
y la carga de más valor.
Sabe que, de no hacerlo, fácilmente podría naufragar.*

*De todas las pérdidas la del amor es la más traumática,
pero cuando la afrontamos con dignidad
hacemos posible que sobreviva el cariño
y que el amor regrese otra vez, encarnado en otra persona,
o quizás en la misma, pero como parte de una nueva historia.*

R. H.

Sobre las alas del dragón rojo, de Ricardo Homs Quiroga
se terminó de imprimir en mayo del 2005 en
Litográfica Ingramex, S.A. de C.V.
Centeno 162-1, Col. Granjas Esmeralda,
México, D.F.

Certificado No. 02-2082